U0938364

放心寫作

米哈、連倩妤

放心寫作
作者／米哈、連倩妤
策劃編輯／伍詠慈
美術設計／陳詩韻
插圖／米哈
出版發行／突破出版社
香港沙田亞公角山路33號突破青年村
電話：2632 0000　傳真：2632 0388
電郵：breakthrough@breakthrough.org.hk
網址：http://www.breakthrough.org.hk
http://www.btproduct.com
承印／陽光（彩美）印刷有限公司
2025年4月初版1刷

Writing with Pleasure
by Miha & Constance Lin
First Printing, First Edition, April 2025

Printed in Hong Kong
ISBN 978-988-8846-17-7

誠邀閣下就突破出版社的書籍發表意見

歡迎加入突破出版社 facebook page — http://www.facebook.com/btbooks.page

本書採用環保油墨印刷

心　理　自　助

關懷、連繫、復和、

溝通、對話……

凝視心之脈動，

直到重新尋獲自己的心。

目錄

序

以寫作照顧心情

在艱難的日子，寫作還有什麼意義呢？

每一天，每一個人，都在經歷大大小小的情緒起伏，我們會因為與父母或伴侶的相處而焦躁，會為了世界的不公而不安，我們也會為了一份弄錯了單的外賣而有怨念，甚至是因為雨水滴濕了球鞋而跳腳怒吼。

事情總可以細小得雞毛蒜皮，但觸動的情緒，卻是真實。

在焦躁、不安、憤怒的日子，在看似崩壞中的世界，我們還可以放心寫作嗎？我們如何將心事放於寫作，又以寫作來釋放心事呢？

作者米哈與心理治療師連倩好，都因為以上的問題而好奇，並身體力行以寫作處理自己過去的創傷、當下的失望，以至對未來的擔憂。累積了一點經驗以後，我們希望將這些

「以寫作照顧心情」的練習介紹給你們。

敘事治療大師麥克．懷特（Michael White）說，我們可以透過「將生活說成故事，理解自己的生命。」於是我們在報刊專欄，每一個星期，都會提供一篇文章一個寫作練習，邀請大家每次抽出十分鐘時間，按照簡單的步驟，寫成你們的故事，理解自己的生命。現在，我們將這些練習結集成書。

記得！當你書寫時，不用約束在既有的寫作模式或標準，不要介意故事的長短、錯字或文法，哪怕是零碎的句子、簡單或無稽的情節也沒關係，你只需要跟自我一起，誠實地、輕鬆地，放心寫作。

期待你們找到以寫作放鬆心情的一刻，期待你們分享的生命故事。

01 | 好好觀察

「我很想寫作，但卻沒有靈感。」
「我拿着筆，但什麼也寫不出來。」
「我不知道如何開始。」

當我們談論寫作，很多人面對的困難是「沒有靈感」，不少寫作指南都會建議——「好好觀察」。

所謂「好好觀察」，我們不只使用眼睛去看，還需要打開其他感官，去聆聽、觸摸、嗅、品嚐和感受。通過細緻的觀察去發掘身邊有趣的東西、發揮想像力，並從中獲取寫作靈感。「好好觀察」意味真心對生活有興趣，也就是「好好生活」。

羅伯·沃克（Rob Walker）在《觀察的藝術》（*The Art of Noticing*）提到：「創新的第一步就是觀察，觀察力能夠擴充想像力。永遠興致盎然，與人連結，在日常生活中找到興味，留意其他人忽略的事物——這不單是好好活着的能力，也是難能可貴的目標。懂得觀察不僅十分重要，還會產生愉悦的感受」。

「好好觀察」為日常生活增添樂趣，讓我們快樂。但，我們如何在生活中實踐「好好觀察」呢？

不知道大家有沒有玩過「找不同」或拼圖，它們都是訓練觀察力的遊戲。此外，作者在《觀察的藝術》中提供了一百多個觀察練習。他引導讀者運用注意力，通過練習，讓觀察力有所提升，更重要的是找回創意及好奇心，並用一套新的方式去看、聽、留意及體驗這個世界。

在此，我們向你推介數個有趣又實用的觀察練習：

1. 聲音漫步（soundwalk）—— 辨認街上的三種聲音，例如小鳥、汽車、飛機、鐵閘等，並留意那些聲音的來源和作用。

2. 把注意力集中在一點，或用緩慢的速度看東西，直至注意到一些以往忽略或感到新奇的細節。

3. 抬頭往上看，留意一下不同角落的發現，例如大廈外牆、店舖、天線、天空、樹木、星星、小鳥等。

4. 在街上尋找數字，例如巴士號碼、門牌、廣告等，那是很好的眼力和觀察力的訓練。

5. 在街上尋覓對比，例如「新的大廈」和「古舊的唐樓」、「天然和人工」、「輕和重」、「巨大和微小」、「光和暗」等。

請注意：如有需要，請隨時使用手機拍下照片或寫下筆記來記錄。

放心寫作練習

1. 請選擇進行上文其中三項觀察練習，並作簡易記錄。

2. 從你在觀察練習中，找出一個你最感興趣的動物或物件，想像他的性格、愛好和對城市四周的看法和感受。

3. 想像自己就是動物或物件，以第一人稱創作一篇文章。

02 ｜ 我們有做白日夢的義務

承上回，我們説到可以通過「好好觀察」去發掘有趣的東西、發揮想像力，並從中獲取寫作靈感，珍惜當下。

在《觀察的藝術》其中一篇〈像孩童一樣觀看〉，作者羅伯·沃克便提到：「我們已經看着這個世界太久，或許永遠回不去了，再也找不回當初看着世界的感受……下次你碰到熟悉到麻木的景物或情景時，停下來問：如果是個孩子，他會在這裏看到什麼？」

回想起之前在某小學帶小組活動時，遇見一位二年級學生，她總是第一時間發現不同老師剪了頭髮、頭上長了幾根白頭髮、穿了高跟鞋、戴了新耳環、額頭長了暗瘡等等，她甚至會問：「老師是否在生氣？」

她喜歡在小息時坐在校園內的「蝴蝶園」做白日夢。有一次，我好奇問她在看什麼。她便指着花朵説，花朵正在等待好朋友毛毛蟲、蜜蜂、蝴蝶和蜻蜓，他們幾個約好在那天開生日派對。之後，她繪形繪聲、娓娓道出一個個花朵與好朋友的奇幻故事。

孩童無時無刻都在日常生活中找到新奇的東西，相信這就是羅伯・沃克提議的「像孩童一樣觀看」，學習跟他們一樣充滿好奇心，注意一切哪怕是平常不過的事物，天馬行空的編故事、做白日夢。

當代故事大師尼爾·蓋曼（Neil Gaiman）在《藝術很重要》（*Art Matters: Because Your Imagination Can Change the World*）一書便說：「我們有做白日夢的義務。我們有想像的義務。」因為這世界有改變的可能，人能靠着想像「事情可以有所不同」而創造未來。

我們會推介數個有趣，又實用的觀察練習：

1. 當你散步時，請嘗試發現三件新鮮或奇怪的物件。

2. 在街上，留心你「不曾留意」的東西，並思考你現在留意到這些東西的原因。

3. 在街上找一件東西，把它想像成藝術品，並解釋成為藝術品的原因。

4. 氣味漫步（smellwalk）── 全神專注於街上的味道。寫下三種氣味、地點、氣味強度、持續時間，並記錄個人對氣味的感受與想法。

5. 先找一個安全的地方坐下，尋找當刻的感受，例如不舒服、躁動不安、自在、焦慮、喜悅等，並嘗試找出原因。

放心寫作練習

1. 請選擇進行以上起碼三項觀察練習，並作簡易記錄。

2. 從你在觀察練習中，找出兩件你最感興趣的物件，想像它們的性格、生活習慣、喜歡和討厭的東西，以及想像它們之間的關係、互動、衝突或對話。

3. 以擬人法創作一篇關於那兩件物件的故事。

03 ｜ 書寫社區

日本社區設計師山崎亮在《社區設計》一書提到，有效的社區設計不只是設計「看得見」的空間，更是要設計「看不見」的人與人之間的連結。

山崎亮解釋，一切設計需要回歸人與社羣，不是為他們而設計，而是讓人們參與設計，一起找出空間或社區面對的問題，因應需求而加入硬體建設。從此，人與地產生了歸屬感。

回到我們的城市，關於人與人的連結，不期然讓我們想起上環的 POHO 區，那社區主要由太平山街和普慶坊（即 PO 之得名）兩條橫街，再加上東街、西街、四方街和差館上街四條小巷所組成。

該社區除了原有的特色小店、書店、咖啡店、餐廳、畫廊等，還有週末的露天市集。大大小小的攤檔售賣着獨特又精美的手工藝品、環保手作、有機食品、香薰、精油、繪本、明信片等。伴隨着市集的，還有定期舉辦的文藝活動，如讀書會、社區散步導賞團、書本分享會、講座、工作坊、音樂會、動植物領養和街頭演唱等，豐富非常。每逢週末，那兒總是人山人海，格外熱鬧。

跟朋友相約在那兒吃飯、喝咖啡、聽歌、看表演，已經可以消磨大半天。又或，只是喝一杯港式奶茶，在附近隨意地散步、休閒地逛小店、欣賞一下那兒獨有的街頭風景、享受一個陽光燦爛的午後，凡此種種，其實也不錯。

我們可以想像到，這個社區的背後有很多很多「看不見」的有心人一起運用創意，不斷積極參與、努力實踐、盡力付出，而成就了大家眼前「看得見」的一切，創造了如此一個滿載着濃厚的人情味的時空。

找個週日，假如你有空，不妨到那兒或其他任何一個你想到訪已久的社區逛逛，跟街坊和店主打個招呼，感受一下不同社區的味道。無論哪一個社區，當你細味，也可以找到你在那裏微笑的理由，以至和應山崎亮提及的一句——「這個世界還有變得更好的可能」。

放心寫作練習

1. 選擇一個熟悉的社區，透過你的觀察和體驗，書寫你對它的感受，並列出它的優點和缺點各三個。

2. 你認為如何改善社區的缺點，讓使用者或居民享有更優質的生活？提升大家的快樂感？

3. 假如你可以在這社區設計一項活動，目標在於增加居民或使用者的互動和連結，加深對社區的了解，那是什麼活動？

4. 你認為作為社區的居民或使用者，責任是什麼？你對這個社區有歸屬感嗎？

5. 你認為「理想的社區」具備什麼元素？

04 ｜ 慢慢是個最好的原因

紐約大都會藝術博物館（Metropolitan Museum of Art）有一項研究發現，遊客平均只會在每幅畫作面前待十七秒。一幅作品至少用上數月，甚至數年的時間和心力完成，我們怎會只花上十數秒去走馬看花呢？這是輕率，也是浪費，浪費了欣賞世界的一次機會。

牛嚼牡丹，吃得風捲殘雲，又怎能夠吃到食物的滋味？同樣，當我們在展覽會和博物館裏忙着自拍、拍片、打卡，我們又怎可能欣賞到藝術的感動與美感呢？

藝術史學家珍妮佛・L・羅伯茲（Jennifer L. Roberts）曾說：「任何藝術作品都一樣，某些細節、規律與關聯需要花時間才能夠察覺」，而所謂「花時間」，她要求學生用三小時觀看一幅作品。

三小時，大概是專業學者的程度，重點是那一種靜下來仔細看、慢慢看的態度。當我們嘗試用很慢很慢的速度去凝視、解讀、賞識作品時，作品往往會正面的回應我們，給我們看到當中的符號與意象，又或啟發我們想到有關生活和存在的啟示。

又說，在藝術空間裏，除了欣賞作品，還可以欣賞人和物。在我們上文提到《觀察的藝術》一書裏，作者羅伯·沃克便提議：在博物館裏，不要忙着自拍或記錄偉大的作品，也去看看其他參觀者的行為、留意參觀者有否觸摸那些禁止觸碰的作品、看看警衛穿什麼、聽聽工作人員跟參觀者交談什麼等等。

這是好奇心的培養，也是藝術的本質。心理學教授陶德·B·卡珊登（Todd B. Kashdan）稱好奇心為「喜悅的探索」，即「讚揚，並渴望尋求新知識與新資訊，在學習和成長中獲得喜悅」，也就是熱情。人需要好奇心和熱情，才有動力去想像、去創作。

在這個追求快捷和高效的年代，慢慢看，卻能夠發現更多，正如一句歌詞唱道：「慢慢是個最好的原因」。下次，當你逛任何藝術空間時，不妨留意一下自己在作品前看了多久，然後刻意叫自己運用好奇心，花多一些時間去慢慢看、慢慢想，想像畫作中的故事。

放心寫作練習

1. 從博物館、畫廊、餐廳、商場，甚至書本或雜誌上找一張你喜歡的畫作。

2. 用五分鐘時間，仔細留意畫作的細節，例如顏料、構圖、規律、背景、顏色、光影、氣氛、人物、情感等。

3. 根據以上的細節，寫下一個故事。

05 | 我們都是藝術家

上文，我們建議大家逛藝術空間時，不妨花多一些時間去慢慢看。當我們細心看，除了看到藝術品，有時更可以看穿藝術家的想法和情緒，以至其處身的文化精神。但，你有沒有想過：你可以是藝術家呢？

在《藝術家想的跟你不一樣》（*Think Like an Artist...and Lead a More Creative, Productive Life*）一書，威爾．岡波茲（Will Gompertz）研習了古今偉大的藝術家如何思考、如何想出創新點子、如何創造有價值的東西。

岡波茲提到，我們的未來是「以創意為主的經濟體」，我們需要獨立思考和獨立自主的能力，並提倡「所有學校都應該是藝術學校」，即一所教人「如何思考」而不是「思考什麼」的學校。

「如何思考」的能力，不只應用在藝術之上，也可解決日常生活上的大小問題，以至世界難題。岡波茲認為，人人都有能力去學懂如何思考，也就是學會如何發揮創意。

岡波茲説到，藝術家跟平凡人一樣，也會有自我懷疑、內心不安的時候，但他們總能夠鼓起勇氣去堅持自己的信念，並有信心可以實現目標。以披頭四樂團（The Beatles）為例，他們絕對不會徵求別人的同意才去創作音樂和演唱，卻擁有無比的能量和自信，去説服自己，以及全世界：他們是音樂家。

無論是作家、導演、設計師、音樂家，以及其他藝術家，只有當我們自發地創作、用心經營自己喜歡做的事，便會找到創作所帶來的滿足、快樂、自信。

德國行為藝術家約瑟夫．博伊斯（Joseph Beuys）曾經宣稱：「人人都是藝術家」。的確，在每一個人都可以定義何謂藝術的當下，只要你相信自己是藝術家，人人都可以是藝術家。我們便邀請你跟我們一起各自各創作，拿起畫筆，嘗試畫一幅畫去代表這一刻的你。

當然，雖説人人都可以是藝術家，但是不是每一個藝術家的作品都有其美學價值，那是後話。哈哈哈哈。

放心寫作練習

1. 在一張白紙上面，用任何圖案、顏色、符號等，來表達這一刻的你。

2. 把你此刻的感受，以及內心世界，用具體的畫面來呈現。你不用擔心畫得好不好美不美，只要隨心隨手畫出來便可以。

3. 最後，請用文字簡單描繪你的作品。

06 ｜ 你想活出怎樣的人生？

日本動畫大師宮崎駿職業生涯的最後一部動畫電影——《蒼鷹與少年》於 2023 年上映，距離上一部作品足足有十年之久。宮崎駿曾經宣佈退休，後來為了製作這個故事，又宣佈復出。姑勿論是否宮崎駿迷，相信也會好奇：到底這個故事有什麼特別的吸引力呢？

原來，這部動畫改編自日本作家吉野源三郎的同名著作，也是一本影響宮崎駿一生的小說。《你想活出怎樣的人生？》一書於 1937 年初次發行，曾被節錄刊載於中小學教科書，後來在 2017 年被繪製成漫畫，更成為暢銷書。

小說講述一名十五歲少年站在銀座的百貨公司頂樓俯瞰街道，當他看着人羣像水般流動，忽然發現自己是遼闊世界的一個份子，像一個水份子，很普通、很渺小。對此，他的舅舅感到驚訝，並告訴少年那是他的大發現，因為他意識到自己不再是世界的中心。舅舅稱他的發現相當於哥白尼的「地動説」，並從此稱呼他為「小哥白尼」。

小哥白尼和他的三位朋友，經歷了許許多多的成長故事，關於勇氣、友情、品格、欺凌、貧富、歧視等等。同時，舅舅亦啟發了小哥白尼去思考「生而為人應有的態度」，並通過寫筆記和書信，跟他探討人生和社會。

在自傳《折返點》，宮崎駿談及他在小學教科書上初次閱讀《你想活出怎樣的人生？》，後來在舊書店再次相遇。他欣賞書中的插畫和故事，更感興趣於作者看到的時代風景。宮崎駿説，這本書「傳達出一個信息，那就是無論處在多麼艱困，或是殘酷的時代，都要活得像個人」。宮崎駿要把這本「被看作培養品格的好書」改編成動畫，好讓更多孩子可以看到。

宮崎駿的動畫陪伴了不少人長大，當中的內容與思考，更啟發了一代一代的我們。在看過《蒼鷹與少年》後，我們或許可以閱讀其同名著作，或回顧一下宮崎駿的經典電影，甚至重溫其御用音樂大師久石讓的配樂，並置身於他的魔幻世界之中，一同思考：我們想活出怎樣的人生？

放心寫作練習

1. 幻想成為宮崎駿動畫電影裏的一個角色，你想成為哪一位？

2. 再幻想走入那動畫電影的某一幕，描述一下場景、其他角色或人物、你和他們的動作、對話，以及你的心情和感受。

3. 假如你喜歡，也可以隨意創造一些新穎的情節，讓那一幕變得更有趣和完整。

4. 這個角色會在畫面上跟作為觀眾或讀者的你說什麼嗎？

07 | 貓愛我們愛牠們

看過一齣關於貓的紀錄片《喵星人的奇思妙想》(*Inside The Mind of a Cat*),探討貓的內心世界。在片中,動物行為學家進行了一項「貓的喜好」研究,她讓貓自由選擇以下其中一個選項:玩具、味道、食物,或主人。

實驗結果:超過半數的貓首選主人。食物可以滿足生理需要,但主人竟然比食物更重要,因為對貓來説,安全感、關係和愛更重要(雖然我們又想到,有主人才有食物,這是後話)。

我們愛貓,因為貓可愛。在《超實用貓咪心理學》一書中,作者指出貓擁有「讓人類覺得可愛的要素」,在心理學上稱之謂「嬰孩基模」(baby schema),即大大的眼睛、圓圓的臉、寬大的額頭等。這些特徵會刺激人類的大腦,讓人類像想要保護嬰孩一般保護貓。

但，我們愛貓，更因為可愛的貓愛我們。

貓重視情感，更重視情感的交流。《超》的作者提到，貓擅長向人類傳遞「愛的信號」，牠們瞇起眼睛凝視你、向你緩緩眨眼、當你放工回家時開心迎接你、纏着你的腳不放、溫柔地（或間中暴力）舔咬你的手、忽然在你面前翻肚、發出「呼嚕」聲來表達高興，等等等等。貓，彷彿比人更懂得表達情感。

貓不吝嗇展示愛，同時樂於表達被愛的需要。貓和人類互相依賴，在情感上互相支持。這一種愛是雙向的，貓愛人類，人類也愛貓，貓愛我們愛牠們。

在此，我們想跟大家做一個想像練習。想像練習，常見於輔導個案，案主想像自己成為另一種物件或動物，即運用隱喻（metaphor）說故事。透過想像練習，案主描述的人或事物會變得更立體、更細緻，有助表達自己。更重要的是，隱喻有投射作用，讓案主對自己多了一份覺察。透過隱喻，看見自己。

不管你是否貓迷，我們邀請你想像自己是一頭貓，活像夏目漱石的著作《我是貓》，用貓的視角觀察一下人類和世界，描述眼裏的眾生相。

放心寫作練習

1. 想像自己是一頭貓，以「我是貓」作為文章的開端，描述你的名字、性別、品種、年紀、外貌、體型、性格、氣質、最喜愛的食物、玩具和氣味、吸引人之處、最討厭的東西、擅長的技藝、特異功能、生活習慣、棲身環境、主人、成長經歷等。

2. 以貓的視角，描寫人類和世界。你理解人類的舉止嗎？喜歡跟他們相處嗎？你眼中的世界是怎樣的？

3. 想跟誰人說話？內容是什麼？你的生存意義是什麼？你有什麼願望嗎？

4. （如果你喜歡繪畫）畫一幅自畫像，並把你的貓名字寫下。

08 ｜ 路邊草與那個人

日本國民作家夏目漱石在晚年寫了一部半自傳體小說，名為《路邊草》。故事講述主角健三出生於一個比上不足比下有餘的家庭，卻由於家中子女太多而被送去寄養家庭，後來留學英國，再回到東京，過着另一段比上不足比下有餘的生活。

《路邊草》就是如此這般一個平平淡淡的故事，沒有多少起伏轉折的情節，卻充滿了教人細味的環節，乃是有關人情與存在的細節。其中一個環節是這樣的：有天，當上了大學教授的健三放工回家，發現一連幾天，都在路上遇到「那個人」。

小說沒有寫健三遇到「一個人」，而是寫他遇到「那個人」，告訴了讀者「那個人」是健三認識卻又不想再多接觸的一個人。健三沒有跟那個人打招呼，數天以後，那個人終於敲進健三的家門。

「那個人」是誰？容許我們不作劇透，待讀者自行找出答案。在此，我們更想說的是《路邊草》與「那個人」的意象。

路邊草，存在於我們日常的生活路線。它們每天目擊我們的往返，而從來沒有得到我們的目光，更遑論關懷。路邊草，可以是街邊或花槽的一花一木，也可以是常常出現於我們生活卻又陌生的人，例如在辦公室裏幫忙清潔的工友、同一班次的巴士車長，甚至坐在你隔離位已經一年多的同事。

那個人，存在於我們過去的生命軌跡。他們可能跟我們有過一段深刻、重要的過去，卻又成為了我們不想再交往，甚至面對的人。那個人，可能曾經是跟我們一起捱了多個通宵的夥伴、沒有信守承諾的一個長輩，又或是話不投機的父親。

無論是路邊草，還是那個人，他們老是常出現，卻又若即若離。我們會覺察到他們的存在，卻沒有嘗試更進一步的認識他們、理解他們。在你的生活中，有多少「路邊草」與「那個人」呢？這個星期，我們不如給自己一個機會去認識身邊的一個路邊草，又或重新認識生命中的那個人？

放心寫作練習

1. 選擇以下其中一個為寫作對象：（一）常常見到卻又陌生的人（即「路邊草」）；（二）一個你認識而不想再面對的人（即「那個人」）。

2. 想出三條你最想問「路邊草」或「那個人」的問題。

3. 直接去問「路邊草」或「那個人」！

4. 將「路邊草」或「那個人」的答案，連同你的問題，寫下來。

09 | 和你一起冒險，我願意

「你說這是場冒險你願意嗎？我說和你一起冒險我願意。你寫你的那一半，我寫我的這一半，合起來是我們的故事。」兩位才女，鍾玲玲與鍾曉陽，就這樣合寫了最新著作《雲雀與夜鶯》。

鍾玲玲曾經說過《生而為人》是她最後一本書，而今次鍾曉陽可以召喚鍾玲玲一起合寫，大概就是為了這場朋友之間「一起冒險」的契機。跟朋友合作、一起努力完成一件事，本已難得，一對相識四十多年的好朋友，一起寫成一本書，更是佳話。

這部著作包含了她們一段段對話、一封封書信，還有各人的一篇小說。著作溫柔綿長，盡是她們的情感紀錄。當中，第一封書信是由鍾玲玲在一九八六年提筆寫給鍾曉陽。雖然沒有刊登書信的照片，但從書寫年份，我們大概可以想像鍾曉陽對信件珍而重之，也可以想像她三十多年後，再次拾起稍微發黃的信紙之情境。

「你送了我幾本書，內頁寫着的日期是一九八九年一月十九日。這樣我的書架上就有你的書排列着了」、「我許許多多的時光都是在寫作中度過的。這就是我把書交給你的原因」、「我會從這幾本書多知道你一些嗎？但願我是個好一些的讀者」……

讀着讀着，我們便被她倆的文字與深情迷住了。但，接近半個世紀的友誼，不可能全然風平浪靜，她倆曾經有兩年多沒有書信來往。後來，因為她的「十分想念」，又因為她的「過去的事就別提了」，她們「重新開始」。

經歷過考驗的情誼變得更堅壯、更深刻、更動人。鍾曉陽在書信中，便跟鍾玲玲寫道：「世上的好友中有一對是我們，多麼好。」

這讓我們想起了過去只能依賴書信通訊的歲月，懷念收到自遠方寄來的信件時的喜悅，懷念手寫的文字所盛載着的重量，無論在信紙、節日賀卡、或明信片上，它們都充滿愛和祝福，哪怕只有短短數行句子，甚至數個字詞。

你有多久沒有親手寫信呢？我們邀請你用紙和筆，親手書寫一封信給一位你珍視的人，寫給一位「願意和你一起冒險」的人！

放心寫作練習

1. 請你用紙和筆，親手書寫一封信給一位你珍視的人。內容不限，可以是分享你的日常生活、你對某件事的看法、近來看過的書本、你上一次旅遊經歷、表達你的想念等。

2. 邀請對方也回覆你一封信。

10 ｜ 善良不是弱點

美國第十六任總統林肯（Abraham Lincoln）留下了不少為人傳頌的故事。話説，在尚未成為總統之前，他有一次退出了參議院競選，並讓競爭對手萊曼．特朗布爾（Lyman Trumbull）獲勝，理由是林肯認為特朗布爾有更好的勝算，而他和特朗布爾都同樣以廢奴為目標。

在《給予》（*Give and Take: A Revolutionary Approach to Success*）一書，華頓商學院教授亞當．格蘭特（Adam Grant）引用了林肯的故事，指出人是自私的假設不一定正確，尤其當這個人是一名給予者（giver）而不是索取者（taker），他便可以像林肯一般，為了共同利益而給予，而不只為了個人利益而索取。

格蘭特認為，世界分成了給予者、索取者和互利者三種人。「給予者總是樂於分享；索取者只在乎自己的利益；互利者則為了可預期的好處，願意付出相對的代價」。問題是，社會總是強調成為互利者或索取者的優勢，而漠視當一名給予者的益處。

舉例，在職場上，格蘭特觀察到哪怕是給予者，也會在工作時盡可能壓抑他們的慷慨，這是因為他們不想讓自己的善良成為別人眼中的一個弱點。許多人認為，在追求職場成功上，索取比給予更為有效。這看法在傳統上競爭激烈的行業，如商業和政治中尤其盛行，但有趣的是，格蘭特的研究發現，給予者通常能夠取得更高層次的成功。

其中一個例子來自德勤咨詢公司（Deloitte Consulting）的合夥人傑森・蓋勒（Jason Geller）。當蓋勒還是一名普通員工時，他發明了一個信息管理系統，用於收集和儲存公司客戶和競爭對手的數據。蓋勒沒有獨佔這非常高效的系統，反而與所有同事無條件分享，希望能幫助整個公司做得更好。這個給予的舉動，受到了上司的關注，也間接令他很快升遷為公司最年輕的合夥人之一。

格蘭特寫到了以上的例子，不是本末倒置的嘗試以個人利益和回報，去引導大家成為一名給予者。他只是想告訴大家：善良不是弱點，給予也不是愚蠢的自我剝削行為。

給予，出於着重共同利益的善意。剛巧，善有善報。因此，如果你是一名給予者，請不要怕他人的目光，憑善意做你想做的事吧！

放心寫作練習

1. 回想一次你作為給予者的故事。你在什麼情況下，以怎樣的方法幫助了他人，又或與他人分享了什麼呢？

2. 在過程中，你有內心掙扎嗎？事後，你有否與親朋好友分享這件事？他們是讚賞你，還是嘲諷你呢？

3. 在給予之後，你的個人感覺又是怎樣的呢？

11 ｜ 遇見好老師

曾經，一位小學作文老師教一個男孩「自由作文」。老師先發很多稿紙給他，准許他寫任何東西，但，要求他要寫長的文章，愈長愈好，愈多細節愈好。

因為老師要求寫長篇文章，男孩嘗試編造故事，在故事中加插對白，用多個角度去描寫事物。這自由但又有要求的訓練，不但教男孩領略寫作的樂趣，也培養了他説故事的能力。

到了中學時期，男孩愛上畫漫畫，整天只顧着畫，更因此經常被老師教訓，而唯有他的美術老師處處維護他，稱他「有才氣」，鼓勵他不要放棄，對他説：「你呀，將來有一天，一定會有機會以漫畫出頭的。」

老師的肯定感動了他，而這位男孩長大後真的成為著名的漫畫家，他就是手塚治虫；而那兩位老師，正是他著作《我的漫畫人生》提到的好老師。

又有另一位男孩。他出生於新奧爾良最貧窮落後的地區。有一年的除夕夜，男孩不知道從何找來一把手槍，好奇地向天發射，想寄意以槍聲迎接新年。然而，槍聲驚動了警察，警察不問究竟把他逮捕，還送他進了「少年之家」感化院（Colored Waifs Home for Boys）。

大概是日子難過又絕望，男孩在感化院內放任地搗蛋，整天惹事生非。有天，男孩的惡劣行為終於令院長怒火中燒。當院長正想送他一記耳光，電光火石之際，他停住了這念頭，取而代之——他把一個小號遞給男孩。男孩平靜地接下樂器，把它吹響。從此以後，男孩對小號愛不釋手，院長 Peter Davis 成為他的啟蒙老師。男孩長大後成為了爵士樂史上偉大的演奏家之一，他是 Louis Armstrong。

兩位男孩的共通之處，在於生命裏幸運地遇上至少一位好老師。那些好老師曾經讓男孩們感動，以愛帶領着男孩們前進，不讓他們感到孤單，而是讓他們發現世界的美好，就像 *What a Wonderful World* 這歌曲一般。

「好老師」能夠以生命影響生命，以有限啟發無限。你的一生中，曾經遇見好老師嗎？

放心寫作練習

1. 描述一位好老師或尊敬的長輩，請仔細描述外貌、性格、喜好、口頭禪等等。

2. 那位好老師曾經如何啟發或影響你？請寫下深刻的一件往事或一段對話。

3. 幻想那位好老師就在你面前，你有什麼說話想對他 / 她說？

12 ｜ 三個問題

對你來說，人生最重要的三個問題是什麼呢？對俄國作家托爾斯泰來說，答案大概是：如何知道在適當的時間做每一件事？如何知道最不可或缺的人是誰？如何知道再決定尋求最重要的事情是沒犯錯？

托爾斯泰以這三個問題，寫了一個小故事。話說，從前有位國王，他想有人教他解決這三個問題，卻沒有任何一個答案令國王滿意。於是，國王決定去請教一位以智慧知名的隱士。

隱士正在花園挖土，跟國王打了招呼後，繼續幹活，沒有理會國王的提問。國王無可奈何，又見到瘦弱不堪的隱士一邊挖土一邊喘氣，便說：「你已經沒力了，把鏟子給我。我來做一會兒。」

隱士說了一聲多謝，國王便接過了鏟子。國王一個小時接一個小時的挖土，直至太陽快下山。國王說：「智者，我是為了尋求問題的解答而來，如果你無可奉告就讓我知道，我好回去。」

此時，隱士指向林中，說有人正在跑過來，只見那人留了鬍鬚，按着肚子，血從指縫間流出。他奔向國王，昏倒在地。此人受傷不輕，肚子上有一道很大的傷口。國王立刻幫他急救，又以隱士的毛巾做綳帶來給他包紮。

血終於止了，受傷的人活了過來，但國王卻疲累得睡了。當國王醒來，卻見那個留鬍鬚的人正以「明亮的雙眼端詳着他」。留鬍鬚的人，說：「請原諒我！」莫名其妙的國王答道：「我不認識你，沒什麼要原諒的。」

原來，這留鬍鬚的人是對國王懷恨在心的刺客，他埋伏了半天，等不到回程的國王，卻給護衛發現，並弄傷了他。他沒有殺傷國王，卻給國王救了。在此，隱士跟國王說：「你已經回答了那三個問題。」國王問：「我是如何回答的？」

隱士說：「若然你沒有同情，便不會留下來，那麼，你便會碰上要殺你的人，而不是遇上了你要救的人，更不可能化解了一段仇怨。

「最重要的時間只有一種，也就是當下！因為那是我們唯一可以主導自己的時刻。最重要的人是正與你共處的人，因為沒有人能夠知道他是否還會跟別人打交道。最重要的事情就是善待他，因為生而為人，不過就是為了這個目的。」

放心寫作練習

1. 請寫出：今日下午三時十四分，你正在跟誰在一起？你們在做什麼？

2. 仔細描述那一或多位與你共處的人，例如外表、性格、怎樣跟你認識。

3. 寫下你們怎樣度過了共處的時光，並思考你怎樣在其中感受到「當下」。

13 ｜ 用心擁抱

你跟你身體的關係好嗎？我們不是問你是否身體健康，而是想問：你有好好以你的身體來認知、感覺、享受生活嗎？又說，你上一次用心的擁抱一個人，是什麼時候呢？

在《五感生活》（*Life in Five Sense: How Exploring the Senses Got Me Out of My Head and into the World*）一書，作家葛瑞琴・魯賓（Gretchen Rubin）提出了一個想法：我們每天努力過活，卻忘了以身體與五感來好好生活。

魯賓寫道，許多人對待身體的態度，就像一名盡責的清潔工，以為只要努力保持整潔乾淨便可。但事實上，身體更像一座寺廟，不但需要保持清潔，更應該啟發我們的經驗、想像，以至靈性上的提升。

魯賓認為，「五感」的覺察成為了將身體啟發成寺廟的鑰匙。

我們無時無刻用眼睛看，用耳朵聽，用鼻子嗅，用舌頭品味，並用身體觸摸。然而，我們又有多少時間是真的有意識地覺察五感呢？魯賓鼓勵我們，嘗試用心的以五感來生活，好讓日常的各樣細節成為快樂生活的材料。

舉例，我們可以用心的擁抱我們珍惜的人。

觸摸，可以讓我們與他人更為親近，而對親近的渴望，幾乎是與生俱來的。有説，小孩們喜愛觸摸毛絨玩具或毯子，並從而感到安心，正是因為這樣可以模仿接觸身體的感覺。魯賓便引用研究指出，當嬰兒與照顧者有大量肌膚接觸，他們會更快地增重、睡得更多，哭泣較少。

書中提到另一個研究顯示，成年人之間的身體接觸，則有助於個人降低血壓，改善睡眠，促使身體釋放天然止痛劑，亦有助於人際之間建立起信任和尊重。所謂的身體接觸，包括情人之間的親吻、同事之間的握手，又或朋友之間的溫暖擁抱，而接觸的前提，當然是要得到雙方的認可。

擁抱既是一個強大的情感和社交舉動，卻又是我們常常忽略了的。今天，不如我們邀請自己珍愛的人，一起來一個用心的擁抱吧！

放心寫作練習

1. 你會邀請哪一個親人、愛人，或朋友，來一個用心的擁抱呢？

2. 為什麼你會想邀請這一個人？你們之間最難忘的故事是怎樣的呢？

3. 請你真的去邀請這一個人，並在得到對方的同意之下，跟他 / 她來一個一分鐘的擁抱。在這個用心擁抱的一分鐘，你感受到什麼？你又想跟對方說一些什麼嗎？

14 | 不能說的情感

不能說的，除了是秘密，也可以是情感。

在日本動畫《紫羅蘭永恆花園》裏，女主角薇爾莉特從事「代筆人偶」，她必須先理解一個人的心思，再用文字代人書寫，傳遞那一個人說不出口的情感。

薇爾莉特曾經為同學寫信感謝哥哥、為公主寫情書、為將戰死沙場的士兵寫遺書，而其中一封最令人動容的信，大概是她替一位患上重病的母親，書寫五十封信給她年幼的女兒。

那位即將離世的母親，希望女兒在未來每年生日都收到她的信。母親預視自己不能親自祝福女兒，所以希望透過書信、透過文字，讓女兒感受到母親彷彿一直在身旁支持、鼓勵、陪伴她成長一般。

信在，愛在。看似輕巧的書信，意義卻無比深厚，力量龐大到不只跨越地域界限，也穿越時空，甚至超越生死。

原生家庭，往往決定了我們對待情感的方法。父母親是我們童年時最親密的人，也是對我們影響最深的人。他們在我們的人際關係建立中，扮演一個發展歷程的角色，他們的價值、品味、意見、興趣、行為、説話等都足以影響我們。

然而，在成長過程中，兩代之間難免會有矛盾和衝突，伴隨着情感的牽絆和複雜的情緒。跟父母溝通，從來不容易，但寫信，或者可以開啟另一道溝通的門、一條通向和解的路。

在動畫裏，薇爾莉特曾説：「世上沒有不傳達也無所謂的信」，每一封書信都物輕情重。哪怕信中只有一句説話，甚至幾個字，都是珍貴非常。

我們邀請大家一起以傳統，也具溫度的方法，親手書寫一封信給父親或母親，把無法啟齒的話語和難以表達的情感轉化為文字，把心意傳遞出去。

放心寫作練習

1. 手寫一封信給母親或父親。

2. 把你對他或她的複雜情緒記下，例如感謝、抱怨、愧疚、恐懼、憤怒等。

3. 回望過往，他或她在你生命中扮演什麼角色？試想想，他或她的哪一句説話對今天的你具有特別的意義或影響呢？將你想起的事與情，寫到信中。

15 ｜ 好好悲傷，盡情想念

電影《年少日記》探討了學童自殺。這是一齣沉重的電影，不僅訴說不幸的故事，也談及留下來的人的創傷。關於這個主題，我們想起了由韓國臨牀心理學博士高璿圭撰寫的《你值得好好悲傷：我們都是自殺者遺族》一書。

作者收集了自殺者遺族的故事和經歷，深入討論留下來的人如何面對那毫無預警的離別、突如其來的失去，以至隨即陷入無底黑洞的狀態。

除了極度哀傷，伴隨的還有大量難以承受的情緒，包括害怕、無奈、不捨、愧疚、不解、驚愕、難以接受、不安、自責、後悔、遺憾、憤怒、失落、孤單、無力，等等。

作者透過自殺者遺族的經驗，帶出兩個重點：所有感受都值得被尊重、被表達和被接納，以及「好好悲傷」之必要。什麼是「好好悲傷」？那就是誠實接受自殺者離世的事實，面對離別所帶來的變化，然後「原原本本地經歷死亡帶來的痛苦」，哪怕過程多艱難、多疼痛。

自殺者遺族形容，當他們聽到消息時，當下的感受是

「被炸彈擊中」，被炸毀得支離破碎、傷痕纍纍。這內心的創傷，不會因為刻意迴避而變好，悲哀的情緒也不會因為拚命抑壓而消失，就正如皮膚的傷口不會因為假裝視而不見而忽然痊癒一樣。

處理傷口最好的方法不是克服痛楚，而是先仔細檢查，再以適當的方法去治理它。因此，攤開創傷，感受痛楚，「好好悲傷」正是療癒的起點。在此，每一個人的狀況、反應、接受及恢復的程度、需要時間也都不一樣。遺族不需要強迫自己忘記、急於放下，或釋懷。

作者寫到「世上存在着難以自然恢復的痛苦訣別」，假如內心的傷痕抹不掉，我們可以跟它同行，也「可以説出來，可以記着，可以在一起。」

談論死亡和離別，一向都不容易，在書中後記，作者又寫道：「雖然故人結束了自己的生命，但不可否認，他生前必然有充滿熱情的時刻。當你在腦中想到故人以極端方式自我了結之際，也希望你能同時記起他曾經熾熱的瞬間。在你的人生中，隨時都可以隨心所欲地呼喚故人的名字，盡情地想念。」

邀請你寫一封信給一位逝去的親人或朋友，通過文字，盡情表達你的思念。

放心寫作練習

1. 找一個寧靜的地方安頓自己並坐下，深呼吸，然後回憶那位你離世的親人或朋友，你倆曾經度過的快樂時光。

2. 描述一下身體的感覺（假如有的話）。也仔細描述你的情緒，例如傷心、害怕、無奈、不捨、不安、自責、後悔、遺憾、憤怒、失落、孤單、無力等等。記得情緒並沒有好壞，你只需要確認它的存在。注意，假如有激烈的情緒湧現，可以先休息一下再繼續。若然激烈的情緒持續，請向專業人士（心理輔導、社工或心理學家）尋求情緒支援。

3. 寫一封信給她 / 他，把你想說的話好好寫下來，可以談談你的工作、上學、生活的近況，也可以是問候的話語，請盡情以文字表達你的想念。

16 | 稀釋分手的痛

法國當代藝術教母蘇菲．卡爾（Sophie Calle），曾經創作了一個經典作品《極度疼痛》（*Douleur Exquise*），以創傷來創作，以文字敘事與攝影去記錄一趟失戀與療癒的過程。

卡爾拍攝失戀的證據，並通過書寫日記，反覆敘述分手的經歷。她找來三十六位對談者，把她的失戀故事重述了三十六遍，並向他們詢問：「你在什麼時候感受到最大的痛苦？」

隨着在日記重述失戀和聆聽別人痛苦的瞬間，卡爾的日記內容愈來愈短，字跡也愈來愈淺，意味着她痛苦的回憶和曾經的「極度疼痛」已經跟隨着淡化的文字，慢慢稀釋。

卡爾花了三個月的時間，藉着與他人交換傷痛記憶，並重複凝視自己的傷口，成功轉化苦痛為作品，撫平了傷痕，走出悲傷，並把過去的感情放下。

對於卡爾那種反覆凝視痛楚的方式，有人認為過於激烈，但我們可以學習的，可能是她以寫作來陪伴自己的方式。我們可以像她一樣，藉着寫作，傾聽內心，誠實面對情感，並和自己好好對話，從心碎中贖回自己。

面對分手和失去，傷痛無可避免，也難以忍受。眼淚不斷流下，腦海想起某人，心裏湧現情緒；在這刻，我們無法放下逝去的感情，但請不要怪責自己，也不用強迫自己趕快好起來，因為讓自己好好悲傷才是療癒的起點。

沒有人願意失去一段關係，但比起怨恨和憤怒，或許我們更應該感謝前度和逝去的愛情，畢竟是那些過去，成就了今天的自己。

在《失戀太少》一曲，填詞人林夕提醒我們：「擦光所有火柴難令氣氛像從前閃耀／至少感激當日陪着我開甜蜜的玩笑」，願我們好好記住在感情道路上遇過的美好，學會把所有經歷視為成長的養份，最終領悟關係結束的真諦。

早陣子，我們在一間文青旅舍辦了一場「放心寫作工作坊——心碎篇」，陪伴參加者通過寫作去治癒分手的傷痛。現在，我們也邀請有需要的你，跟我們一起，放心寫作，放下分手的痛。

放心寫作練習

1. 在一段過去的關係或前度身上學到的三件（或以上）事情。

2. 回顧過去，列舉三件（或以上）往事，確認自己曾為過去的關係努力過、對前度付出過、彼此相愛過。

3. 假如你準備為過去的感情畫上句號，把一段關係結束，請你在最後寫上「我愛你，尊重你，並原諒你。感激我們曾經遇上。現在，是時候把過去放下，在生命翻開新一章」。

4. 假如這一刻還沒有準備好放下，跳過步驟 3。請給予自己多一點時間，等待準備好才完成它。

注意：當你書寫時，假如有太多情緒起伏，請先暫停一下，嘗試把注意力放在呼吸上，透過調整呼吸，讓自己先平靜下來再繼續書寫。

17 ｜ 愛的語言

「我覺得他不夠愛我。」她抱怨。

「我為了她，我……而且，我還很愛她，為她付出很多，但她還是不滿意。」他反駁。

「我感覺不到愛。」她坦言。

他愕然，他一直以為自己做得很好很盡力，但原來她感覺不到愛。

類似的情況，不只發生在「伴侶輔導」(Couples' Counseling)，也常見於朋友之間。那就是一方覺得自己付出很多愛，另一方卻感覺不到。

在一段關係之中，「溝通」扮演着不可或缺的角色，也就是「愛的語言」。關於愛的語言，不得不提著名輔導諮商師兼作者蓋瑞．巧門（Gary Chapman）的經典作——《愛之語》（*The 5 Love Languages*）。

作者說，「我們的本性中都有着被愛的深切渴望」，而最深的情感需要，就是感受被愛。作者提出一個比喻：「在每個孩子內心裏，都有一個『情緒的箱子』等着愛來填滿。當一個孩子真正感覺到被愛，他才會正常成長。

「但是，當箱子空了的時候，這孩子就會有問題行為。孩子們多半的問題行為是由於空箱子的渴求所引發。」其實，大人和小孩都一樣，只要把「情緒的箱子」填滿，行為舉止就會變得不一樣。

根據多年的婚姻與家庭生活輔導經驗，作者提出可以填充了情緒的箱子的「愛之語」，即肯定話語（words of affirmation）、品質時光（quality time）、接受禮物（receiving gifts）、服務行動（acts of service）、身體接觸（physical touch）。

每個人詮釋愛的方式、對愛的情感需要都不一樣，所以每個人的主要「愛之語」也並不相同。因此，我們需要花心機去發掘伴侶覺得被愛的方式是什麼，了解他真正渴望的是什麼，並一起發掘彼此的愛之語。

放心寫作練習

1. 什麼最能使你感覺到伴侶的愛？請參考 2-6，選擇，並寫下你渴望的「愛之語」(可以選多過一項)。

2. 肯定話語：你最想聽到伴侶對你説什麼話？那些説話包含什麼元素？鼓勵、仁慈、讚美、感謝、肯定、支持？你希望伴侶在何時何地跟你説這些話？

3. 品質時光：你最喜歡跟伴侶一起做的五項活動？你期待何時跟伴侶做這些活動？假如要你計劃在未來半年裏跟伴侶一起旅行，你會選擇去哪兒？在旅程中，你希望有什麼活動？假如今天要你和伴侶花一些時間分享今天的事，你們會分享什麼？

4. 接受禮物：你希望收到的禮物是什麼？親手製作還是購買的？你希望何時何地收到禮物？什麼節日或特別紀念日？是驚喜還是預知？收禮物時你想聽到的説話是什麼？

5. 服務行動：你希望伴侶為你做的事情 / 任務是什麼？請列一張清單，並在最後寫上一些感激的説話。

6. 身體接觸：在日常生活中，除了牽涉性，你期待在什麼時候，有哪些身體接觸？身體接觸的同時，你希望伴侶說什麼話？

7. 完成後，請把以上的答案與伴侶分享，並嘗試了解對方的愛之語。

18 | 到底發生過什麼事

話題台劇《她和她和她》，內容涉及校園性侵、職場性騷擾、婚姻暴力等社會議題。劇中女主角是職場女強人，外表堅強能幹，事業有成，光鮮亮麗，但內心敏感、脆弱。她經常做惡夢、焦慮、憂鬱、易受驚嚇，曾經有自殘與自殺傾向。這些都可能是創傷後壓力症候羣（Post-traumatic Stress Disorder, PTSD）的症狀。

事出必有因，她到底發生過什麼事？

原來，年少的她曾經受到老師性侵，其後她努力以意志力讓自己生活回到正軌，但還是偶爾崩潰或失控，她說：「我的靈魂無時無刻都在分崩離析。」

主角曾經鼓起勇氣，對她最信任的父母親說出事情，但父母懷疑她說謊，也沒有支持她報警。父親更質問：「你沒有反抗嗎？你沒有把他推開嗎？」

無助、無力的她，只能夠等待記憶隨時間流逝而消失，絕望地期盼着自己「長大就會好」。然而，長大後的她還是帶着傷痛，無法擺脱陰霾。

原來，當我們沒有處理好創傷和情緒，記憶也不會自然地消失，極其量，它只是暫時被抑壓了。往事並不如煙，她在日記寫下：「我的靈魂某些碎片被留在受創現場，我一直困在那裏，我的人生卡住了，我哪裏都去不了。」

血淚斑斑的傷害所帶來的沉重創傷，必須得到正視和處理，以至專業人士的情緒支援。大家可別以為只有所謂的「大事」，如父母拋棄、天災人禍、家暴、性侵等等才稱得上是「創傷」。

其實，生命裏大大小小的傷痕，往往比你我想像更多、更普遍。

《你發生過什麼事》（*What Happened to You: Conversations on Trauma, Resilience, and Healing*）一書的作者培理（Bruce D. Perry）醫生便説：「那些強烈、恐怖或孤立的感官經驗，無論只持續幾秒鐘或是忍受好幾年，都可能會一直緊鎖在腦部深處。當我們的大腦持續發展，時時刻刻吸收新經驗，同時繼續理解周遭的世界，新的時刻全都建立在過去經歷的所有時刻上。」

日常的創傷，可以是親戚的一句無心之失、長輩的惡意批評、媽媽的偏心、老師貼上的標籤、同學開過的玩笑，等等等等，那些看似雞毛蒜皮的小事，只要觸及強烈的感官經驗，都足以造成「強烈、恐怖或孤立的感官經驗」。

今期，我們邀請你回憶過往的「創傷」經驗，嘗試問自己「我發生過什麼事？」

放心寫作練習

1. 找一個你信任的朋友，一起進行這次練習。

2. 找一個安靜、不受騷擾、讓你們感到舒適的地方，兩個人對視而坐。

3. 緩慢地吸氣和呼氣數次，讓自己感到平靜，然後在自己的紙上嘗試仔細描述一件創傷經歷、經歷帶來的情緒（痛恨、憤怒、討厭等）、對你之後的行為和影響。

4. 寫作結尾時，寫下一句你想對傷害你的人說的話。

5. 用黑色雙頭筆劃去你不想任何人見到的內容，然後重讀一次。

6. 跟對面的朋友交換作品閱讀，並給對方一個擁抱。

注意：或許你會邊寫邊哭，沒有關係的，不要抑壓。情緒太激動時，可以先暫停一下，專注呼吸，心情平復一點再繼續。這個練習希望通過文字直視你的傷口，尋找傷痕的原因、釋放情緒、讓心靈重獲自由。假如創傷經驗為你帶來難以承受的痛苦，請尋求專業人士協助。

19 ｜ 書寫夢

有一次飯局，朋友之間談論起「夢」，各人都分享了自己曾經發過的怪夢。

在夢裏，有人碰見偶像在日常生活中出現，並成為知心好友，還一起旅遊韓國；有人跟自己的寵物説話，並跟着寵物抵達不尋常的地方；有人在夢裏幹了一些荒誕離譜的行為，例如在沙灘裸泳、無端端作弄人、從懸崖跳下，等等。

各人的夢，脱離現實、不合常理，但又有夢裏的內在邏輯，離奇而有趣。

在《夢的解析》（*The Interpretation of Dreams*）一書中，精神分析師佛洛伊德（Sigmund Freud）寫道，「夢的內容是由於意識的形成，並目的在於滿足意願」，「即使是內容痛苦的夢，也可以用慾望的滿足來解釋。這一類夢的解析，肯定會牽涉到很多我們不願意講出，或者不願意想到的事情」，這些事件「如果出現在夢裏，就絕不僅僅是偶然事件的巧合」。

換言之，夢是潛意識的投射，也是理解潛意識的捷徑。假如我們想探索一個人的潛意識，其中一個方法就是研究一個人的夢。

佛洛伊德認為，潛意識是以無意識及純粹的精神作主導，不受任何理性思維、美學及道德所約束，所以夢裏經常出現超自然、不合邏輯的意象或奇怪的人和事，而且不合常理。

佛洛伊德的見解，不一定正確，我們也不肯定夢的元素是否全然來自於個人的潛意識，但可以肯定：夢的作者，必須是自己。

我們以某一種意識的機制創作了夢，也就提供了材料，讓我們繼續記錄、書寫，並在其中，繼續發現自我。我們邀請你，嘗試把依稀記得的夢之碎片記錄下來，並以此創作。

放心寫作練習

1. 請在牀邊放置記事簿和筆，好讓你醒來時可以立即記錄你的夢（不少夢的記憶，都會在起牀後不久消散）。假如你記得一個夢，請直接跳到 2。

2. 以文字或繪畫的方式，描述夢境。仔細描寫夢裏的環境、光線、風景、氣味、聲音、顏色等；記下夢境出現過的東西、動物和人，描述他們的外貌、體形、特徵、互動或對話、動作等。

3. 以文字詳細描述夢內的片段，以及你的情緒，如吃驚、興奮、快樂、難過、緊張等。

4. 嘗試用以上的材料，虛構一個故事。

20 | 好運幣

每逢農曆新年，總會想起一本溫暖細緻的兒童繪本——《團圓》。

《團圓》曾獲豐子愷最佳兒童圖書獎，故事講述一位在外面工作的爸爸，趁農曆新年回家，跟妻子與女兒毛毛一家團圓的故事。故事開首寫道：「爸爸在外面蓋大房子。他每年只回家一次，那就是過年。」

一家相聚的日子很短，但每一幕都洋溢着濃濃的溫情：爸爸為毛毛和妻子預備新年禮物，她倆歡喜地試穿試戴；爸爸抱着毛毛，用鬍子扎她的臉；爸爸帶毛毛到平時不能上去的屋頂玩耍；爸爸讓毛毛騎在肩膀上看舞龍燈，等等等等。

其中最深刻的一幕是爸爸和毛毛一起包湯圓，爸爸在湯圓裏放了一枚硬幣，説誰吃到硬幣，誰就會有好運。第二天，當毛毛吃湯圓時吃到了，她固然興奮，但爸爸比毛毛更開心，那不只是帶來好運的硬幣，也是爸爸給毛毛的愛和祝福。

當毛毛在街上遇到朋友小春時，小春跟毛毛説他收到大紅包，毛毛便從口袋裏掏出那枚硬幣回應道：「這有什麼稀奇！我有好運幣！爸爸包在湯圓裏的，給我吃到了！」

一晚，毛毛發現好運幣不見了，難過得哭了起來。爸爸便拿出另一枚硬幣，安慰她説：「毛毛別哭，我再給你一個。」

毛毛一邊哭一邊叫：「不要不要，我就要那個！」

後來，毛毛脱衣服時，好運幣掉到地上，「爸爸，快來看，好運沒丢，它一直在我身上！」我們又想，這失而復得的好運幣真的是那一枚嗎？

無論如何，我們都珍惜某些寶貴的物件，就像毛毛愛惜好運幣一樣。你有類似的物件嗎？它對你的意義重大，它可能是記念：一個人、一段感情、一種關係、一份信念、一件往事、一段回憶、一個承諾等等。你只想永遠保存那物件，你把它好好安放，甚至把它放在身邊，讓你可以無時無刻看到或觸摸到。

放心寫作練習

1. 選擇一件寶貴的物件並描述一下。那是什麼？誰人送給你？在哪兒購買？外型、顏色、特徵、歷史、存放的地方等。

2. 它對你的意義或價值何在？它代表着什麼？

3. 你有否因為丟失了它而抓狂，然後經歷失而復得的喜悅，繼而覺得它更珍貴？請分享你的經驗。

4. 假如要你把這物件送贈給一個人，那是誰？原因何在？你會對那人說什麼？

21 ｜ 你打開過第十三扇門嗎？

想起了一則《格林童話》。話説，森林裏住了一位樵夫和他的妻子。他們有一個三歲的女孩。可是，他們非常窮，窮得沒有食物餵孩子。一天早晨，聖母顯靈，説可以幫助他們照顧女孩。

聖母把女孩帶到了天堂。女孩在天堂生活快樂，吃糖餅，喝甜牛奶，穿金衣服，還有小天使陪她玩。女孩到了十四歲時，聖母説要去遠門，並對她説：「這是天國十三扇門的鑰匙，由你保管。你可以打開其中十二扇門，看看裏面的美景。但這把小鑰匙是開第十三扇門的，你千萬不要把那扇門打開」。

聖母走了後，女孩每天打開一扇門。每一扇門裏都坐着一位耶穌的門徒，周圍一片光輝燦爛，令她感到喜樂。最後，只剩下那扇禁止被打開的十三扇門。

長話短説，女孩當然打開了那第十三扇門，更用手指碰了門裏的光，使她的手指變成了金。

不久，聖母瑪利亞回來，向女孩要回鑰匙，問她：「你沒有打開第十三扇門吧？」小女孩回答：「沒有。」

聖母聽到她的心跳得很厲害，再問：「你真的沒有打開過那扇門嗎？」「沒有。」女孩第二次回答。

這時，聖母看到了女孩的金手指，第三次問她：「你真的沒有？」女孩第三次回答：「沒有。」

最終，聖母只好將女孩逐出天國。故事還沒有完結，女孩輾轉成為了王后，而每一次，當她生下一個小孩時，聖母都會顯現，再問她：「你有沒有打開第十三扇門呢？」每一次，女孩依然回答：「沒有」，而每一次的否認，都讓聖母帶走她的孩子回天國。

故事暫且説到這裏，道理明顯不過：人不應説謊。然而，更值得思考的是：哪怕是人證、物證、小天使證俱在，女孩依然説謊，否認做過的事，為什麼呢？

因為這是人性，人就是會守着一些秘密，就是會有説不出口的隱私。理由可能是羞恥、憤怒、恐懼，甚至是莫名其妙。但可以肯定的是，守着秘密，會帶來內心的傷害，傷害之大可能猶如自己的孩子被帶返天國一般。

放心寫作練習

1. 選一個有趣、可愛，又或令自己發笑的筆名，例如「粉紅色的壽司」、「厭世的紙飛機」？

2. 以（1）的筆名的身分，寫下你的一個秘密；

3. 以（1）的筆名（甚至匿名電郵）將你的秘密寄給我們。

22 ｜ 雲吞與祖母

想跟大家說一個關於小女孩與雲吞的故事。

有個小女孩，不但不愛吃東西，更是害怕吃東西。不知怎的，她吃東西時，食物好像不能在她口中轉動似的，經常感到吞嚥困難。媽媽催促：「快些把食物吞下吧！」她嘗試喝水，期望水可以把食物沖下去，媽媽卻又教導：「邊吃飯邊喝水是不健康的壞習慣。」因此，每次吃飯，她總是戰戰兢兢。

有次，祖母請小女孩幫忙包雲吞。祖母一早準備豬肉、蔥、冬菇、鹽、豉油、芝麻油等材料，小女孩負責把所有材料倒進一個大碗，攪拌成肉餡，再把肉餡連同幾顆蝦肉一起包進雲吞皮內。

當時的她沒有認真學習祖母包雲吞的方法，她認為做菜跟玩「煮飯仔」沒兩樣，直覺告訴她雲吞裏的餡料愈多愈好、包得愈快愈好。於是，她拚命把餡料塞進雲吞皮內，多得只可以把正方形的雲吞皮打斜對摺成三角形，最後沾點水黏住兩邊。大功告成！那是她人生第一次幫忙「下廚」。

當祖母把一大碗煮熟的雲吞端上來時，小女孩看呆了，她發現碗內分開了的雲吞皮和餡料，和一些不太像樣的「雲吞」，想起自己之前極力提議「自己吃自己包的」，便一聲不響的垂下頭來，很不期待自己那碗不堪入目的「肉皮湯」。

怎料祖母卻把最好看的雲吞放進她的碗內，若無其事的跟她吃着，還誇獎她説：「你包的雲吞很好吃啊！」

小女孩沾沾自喜，吃光了一整碗，從此愛上雲吞。那時開始，她漸漸不再害怕吃東西。長大後的小女孩變得很愛吃，尤其愛吃雲吞，每次吃雲吞都想起疼愛她的祖母。吃着吃着，她感到很安慰，好像回到昔日的自己。

長大後的她並沒有在飲食界大展拳腳，成為什麼雲吞皇后，然而她偶爾還是會在家煮雲吞，不過只是煮熟那些超市買的急凍雲吞。但，回憶，才是味道。

我們邀請你分享你和某道菜或食物的故事。

放心寫作練習

1. 選擇對你有特別意義的一道菜或食物，並描述它的味道、外型、口感等。

2. 那道菜或食物勾起了什麼難忘的回憶、往事、情感、關係和人？

3. 試運用創意，在這道菜或食物加入獨有的特色，成為獨一無二的新菜式。

4. （非寫作部分）可以的話，請你為新菜式配搭前菜、湯或甜品，變成一頓美好的午餐或晚餐，並與一位你認識的人分享。

23 ｜ 衣櫃異境

在奇幻大作《納尼亞傳奇》(*The Chronicles of Narnia*)裏，有四個孩子，大哥、二姊、三弟與小妹。某一天，他們在鄉下的老教授家裏玩追迷藏的時候，小妹發現了一個古老的衣櫃。小妹踏進了衣櫃，然後進入了一個冰天雪地的奇妙魔幻世界，即納尼亞王國，而他們的故事也正式開始。

在村上春樹的長篇小説《世界末日與冷酷異境》，衣櫃的角色也不輕。故事開頭出現了一座電梯，主角踏入了這座令人不安的電梯朝地底深處進發。最終，電梯到達了一個尋常的房間，房間內有一個衣櫃，主角穿過衣櫃，踏進了暗黑的異境。

為什麼作者都喜歡以衣櫃來開展故事，讓主角穿過衣櫃進入異世界呢？有説，這手法跟《愛麗絲夢遊仙境》同出一轍。主角在好奇心的帶領下，從日常現實，穿過一個洞（衣櫃就像有門的洞穴），進入異想天開的世界，而這「穿越」的動作，好像人從理性的意識層，穿過障礙進入深層的潛意識云云。

以上有關精神分析的解說，固然有其參考價值。但我們又想，從我們的生活經驗出發，衣櫃之所以神奇，不只是一種虛構的故事，還真像是它的本質。什麼意思呢？大家有沒有像我們一樣，試過以下的情況：

襪子總會在衣櫃裏，無緣無故的消失了一隻；當你正要準備出門，心裏想好了要穿「衣服A」時，你偏偏不會在衣櫃裏找到「衣服A」，與此同時，你昨天想要穿的「衣服B」卻大模大樣的出現在你眼前（這情況出現的頻率，與你出門時的趕急程度成正比）。

還有更神奇的是，衣櫃有一股巨大的吸引力，像陷阱一樣困着我們的執着、慾望或虛榮。當你打開衣櫃整理時，你有多少件衣服是一直沒有穿，卻始終扔不掉的呢？

我們扔不掉一件衣服，理由可以有很多，可能覺得「我總有一天會穿的」，可能想起「當時買的時候是很貴的」，也可能是説服了自己「我很喜歡這衣服的，只是一時忘了」。

對了，有關那一件扔不掉，卻又總是想不起的衣服，你還忘了什麼嗎？

放心寫作練習

1. 打開衣櫃，一件一件的仔細翻看你的衣服。

2. 找一件你很久沒有穿，或從來沒有穿過，甚至幾乎忘記了擁有的衣或褲。

3. 回想一下你在什麼情況下，為了什麼原因，與什麼人，或什麼的心態下買了這件衣服呢？

4. 當下，你重看這件衣服時，有什麼樣的感覺呢？它的材質、顏色、剪裁，你又覺得怎樣？

5. 寫下你想到的一切。

24 | 誰不是怪物？

由是枝裕和執導，坂元裕二編劇，以及坂本龍一配樂的電影《怪物》，故事講述一位單親媽媽因為丈夫在意外中離世，她需要獨力承擔養育兒子的責任。她無意之中發現兒子身上的傷痕、異常的言語及行為舉止，於是懷疑學校的老師曾向兒子施以言語暴力和體罰。

愛子心切的她跟校長見面，嘗試為兒子討回公道，要求那位傷害學生的老師得到應有的後果，卻只換到一個不情不願的道歉了事。媽媽質疑校長包庇老師的罪行，甚至憤怒地質問：「你是人嗎？」

然而，在校長和職員眼裏，這位媽媽就是一位過分保護孩子、無理取鬧、喜歡小事化大的怪物家長。後來的故事繼續發展，我們就不進一步劇透了。

《怪物》透過不同視角去敘述同一件事，貌似是要還原事實的真相，卻是展示每個人或多或少都會帶有偏見，只看見自己想看的，只相信自己想相信的。最後，我們還是不自覺地把事實扭曲，沒有人能夠抵達真相。

這讓我們想起林夕的歌詞：「人人一把口一百種真相」，「世界怪得誇張，誰又去決定誰正常？」

我們總是主觀地認為自己「正常」，要是別人跟自己不一樣，便對別人作出批判，認為他們「奇怪」得像怪物。在電影中，當所有大人都指控別人是怪物時，偏偏只有兩位小孩子反問：我們是否人頭豬腦的「怪物」呢？

或許，我們都需要學習像他們一樣，時刻反省自己是否怪物？反省，不代表必須承認，更可能是一種提醒，提醒自己不要輕易成為別人眼中，甚至自己心裏的怪物。

何謂怪物？誰是怪物？《怪物》大概想告訴我們：世界本來就是光怪陸離，每個人心中都可能住着一隻怪物。在彼此眼中，誰不是怪物？

放心寫作練習

1. 在你眼中，何謂怪物？在你日常生活中，有遇上怪物嗎？誰是怪物？是別人，還是你自己？你有見過或想像過怪物的出現嗎？

2. 那怪物是人類、動物還是植物？你可否仔細形容一下你心目中的怪物？（外型、性格、癖好、氣味、習慣、出現的地方、行為等等）

3. 遇上怪物時，你會如何面對？你會跟他説什麼？你有可能與怪物和平共處嗎？

4. 假如怪物是自己，你有方法接受自己的「不一樣」和「古怪」嗎？

25 ｜ 一頭栽進去

想說一件真人真事——一個人與音樂的邂逅，然後一頭栽進去的故事。

從前有位小孩子，生於一個父母從來不聽音樂，沒有唱片和音響設備的家庭。小學五年級的他突發奇想，要求父母買收音機給他。他頓時迷上了西洋流行曲，也踏上一條和音樂不可分割的人生道路。

第一次買唱片的時候，他把 Bing Crosby 的聖誕曲專輯的歌詞從頭到尾背誦下來。十五歲那年，他去了 Art Blakey & Jazz Messengers 的演唱會，初次接觸便被現場演奏的爵士樂所吸引，喜歡上其獨一無二的節奏感，以及自由的氛圍。到了高中，他開始欣賞古典音樂和搖滾樂。

對音樂的狂熱，叫他拚了命似的買唱片，他曾經「連該吃的都不吃」，就是為了把零用錢儲起來買唱片。大學時期，他在唱片行打工，邊工作邊聽音樂，更重要是可以員工優惠購買便宜唱片。多年來，他收藏了上萬張黑膠唱片，大部分都是爵士樂。

後來，他為了可以一整天聽音樂和播放自己喜歡的唱片，孤注一擲向人貸款，在東京經營了一間爵士酒吧。縱使工作辛苦，但可以任何時候都在聽音樂，他仍然覺得幸福。在酒吧內，除了享受播放唱片，他也在每個週末舉行一次由樂手演奏的現場爵士音樂會。

他把自己完完全全沉浸在音樂裏，一頭栽了進去。

直到二十九歲，他忽然想寫小説，之後又因為「想試着認真追求當一個作家的可能性」，決定結束經營酒吧。看到這裏，你大概猜到這個他是誰。沒錯，他就是日本小説家村上春樹。

村上春樹的作品充滿了音樂留下的痕跡，行文以至書名都穿插歌名與歌詞，而他也在多個訪問中説道：「寫小説的方法是從音樂裏學來的」。他又説：「若沒有迷醉於音樂，我可能不會成為小説家。」

關於村上春樹與音樂，我們説的其實是：當你有幸發現熱愛的東西，大可效法村上春樹，像他一樣奮不顧身、義無反顧、一頭栽進去！栽進去，得到的是什麼？沒有人知道，正如村上春樹也沒有成為音樂家，但音樂的養分，卻成就了一位偉大的作家。

放心寫作練習

1. 描述一件熱愛的東西，可以是工作、興趣、運動等。

2. 那熱愛的東西如何吸引你？當你進行時，感覺幸福快樂嗎？它從何時開始吸引你？每星期你會花多少時間在這東西上？你有一頭栽進去嗎？

3. 你有否信心在未來五年一直持久花精神和時間在這東西上？對於這東西，你有什麼展望和期待，甚至想達成的計劃呢？

26 ｜ 跟着村上聽音樂

上文我們建議：假如有幸遇到自己熱愛的東西，可以嘗試把自己沉浸當中，一頭栽進去，就像村上春樹熱愛音樂一樣。

村上為了一整天聽音樂和播放自己喜歡的唱片，成為爵士酒吧的老闆。後來憑着第一部著作《聽風的歌》，成為「羣像新人賞」得主。除了其小説本身的文學價值，他的故事還有一種神奇魅力——一種帶領讀者跟隨他的文字去聽音樂的引力。

閱讀《聽風的歌》時，讀者會跟着書中提到的去聽〈*Rainy Night in Georgia*〉、〈*Who will Stop the Rain*〉、〈*A Gal in Calico*〉等等。然後好奇：為什麼小説中多次出現 The Beach Boys 的〈*California Girls*〉？

閱讀《挪威的森林》時，我們又會去聽〈*Proud Mary*〉、〈*Up on the Roof*〉等等。再問：為什麼作者引用 Beatles 的〈*Norwegian Wood*〉作為書名？

村上將音樂放進小説，目的是營造場景和氣氛？引用歌詞表達情感？還是以此描繪情節、推進故事？推敲作者用意的同時，讀者就這樣把他提到的音樂，一首一首認真聽、反覆聽。

村上着迷於音樂，曾説過「沒有音樂就好像沒辦法好好活下去似的」，又説「書和音樂就是他人生的兩個最大關鍵」。音樂成為他生命的重心，他以音樂作為小説的重要元素，用心挑選當中使用的古典、爵士、搖滾和流行音樂。

如是者，村上的小説，以及寫到關於音樂的文章，化作了另類的優質音樂介紹書，有趣非常，也教人不自覺地循環點播 Bing Crosby 的聖誕專輯；寫稿時播着 Amadeus Quartet 的〈*Mozart - The Early String Quartets*〉；一邊聽着 Neil Young 的歌一邊下廚，只是為了體驗當下的感覺，感受作者所感受的？

大概不會每一個讀者都「跟着村上聽音樂」，但，這兒至少有兩位。你像我們嗎？又或者，你試過跟隨其他作家的故事去找音樂聽嗎？

放心寫作練習

1. 描述一次受作者影響，跟着他的文字去找音樂聽的經驗。

2. 請提供作者、著作、以及歌曲的名稱，也描述音樂的種類、主題、情感表達等。

3. 你認為作者運用歌曲的用意是什麼？你跟作者有共鳴嗎？音樂勾起什麼回憶或情緒？

27 ｜ 你的金句

說到金句，大家可能想起靈修時用的《聖經》經文、琅琅上口的流行曲歌詞、某某作家咬文嚼字的句子，又或賀歲電影的精彩對白。的確，只要是對你有意義的語句，都可以是金句，它可以引自文藝經典，又可以來自流行文化，又或以上兩者皆是。

2022 年第 24 屆臺北文學獎現代詩首獎得主洪萬達，便以漫畫中的金句台詞，以及網絡流行迷因入詩，寫成了撼動人心的作品（詩作發佈單小時點閱數突破十萬）。作品的名字是〈一袋米要扛幾樓〉，他寫道：

> 偷偷繞過小麗阿姨，負疚而精神抖擻地來到我家
>
> 讓門鈴響。史密斯太太，答案就在行動之中
>
> 我邀他重播一部去年流行的娛樂型科普影片，大意是
>
> 計算一袋米要扛幾樓，才能讓世界感受到痛楚

「一袋米要扛幾樓，才能讓世界感受到痛楚」，這好比薛西佛斯神話的當代版本，但「一袋米要扛幾樓」這句話，又是從何而來呢？

原來，日本著名動漫《火影忍者》中有一名反派角色，名叫「培因」，他有一句經典（而有中二病的）台詞：「痛みを感じろ」（Itami o kanjiro），原文意思是「感受痛苦吧」，而日文「Itami o kanjiro」以普通話讀起來，就像在讀「一袋米要扛幾樓」。

從日文的「感受痛苦吧」轉化成中文的「一袋米要扛幾樓」，同時又從字義上延伸出對痛苦的思考。這大概就是金句的威力。這是一種作為金句的本質性威力，那就是轉化的能力。

我們可以講究每一道金句的出處，但金句的力量，在於人們不需要知道由來，也可以在去脈絡的情況下，轉化金句為判斷當下、詮釋事情、鼓舞人心之用。

説到這裏，你有記起什麼金句嗎？又有哪一句金句曾經帶領你經過人生的關卡呢？在經典港片《無間道》裏，黃 Sir 曾説：「做嘢啫，唔得，咪下次囉」。這也可以是金句。這篇文唔得？咪下次再寫好啲囉！

放心寫作練習

1. 寫下你最喜歡的金句。

2. 回想一下，你在什麼人生階段、時間和地方，接觸到這句金句？為什麼這金句會讓你牢記在心？

3. 這金句是否曾經給你解憂，或指導你跨過了人生的關口？又或者，你是否經驗過一件難忘的事情，並可以一句金句為題而命名之？

28 | 守護一生

有一個人，在街上看見一隻受了傷的小鳥，把牠帶回家，經過一段時間悉心照顧，到小鳥的傷患完全康復後，她便帶牠到附近的公園放生，希望讓牠重拾自由，回歸大自然。

她努力説服自己，小鳥真正的家是樹林和天空，而不是狹小的房間，所以再多的不捨還是需要放手。她哼着「願你永遠安康，願你永遠懂得飛翔」來送別小鳥，但，她還是傷心了好幾天。

怎料幾天過後，小鳥竟然在她家的門口再次出現。牠看見她時，還若無其事地跳到她的面前，像極了村上春樹在《棄貓》裏的描述。

村上在書中説到他跟父親把貓拋棄在海邊後，便騎腳踏車回家。怎料當他們把家門打開時，被拋棄的貓就出現在眼前。貓比他們更早回到家，更「豎起尾巴，撒嬌地迎向」他們。

動物彷彿總能夠在適當時間，發揮意想不到的力量，讓人類感到驚訝。牠們簡單而純粹，大概只是為了跟喜愛的人類朋友見上一面。

提到動物與人類的故事，大家或者都會想起東京澀谷車站的那座秋田犬青銅像，又或那齣由真人真事改編而成的電影《忠犬八公的故事》（*Hachi: A Dog's Tale*）。在現實裏，那一隻秋田犬，出生後便由教授領養，每天陪伴主人前往澀谷車站上班，並等待他下班，然後一起回家。後來主人去世，牠仍然堅持每天前往車站等待主人，即使主人從沒有回來。牠足足等了十年。

2023 年年初，又有另一齣《忠犬八公》在內地上映，也是關於動物與人類守護一生的故事。這些故事都在訴説動物與人類之間的忠誠和愛。動物只要認定了主人，便開始了無悔的終身陪伴和守護，就正如電影海報的那句：「如果是等你，多久都可以。」既然動物可以窮一生精力去等待及陪伴主人，身為主人的我們可否也堅守承諾，好好愛護及照顧動物一輩子呢？

説回那一個遇到小鳥的她，她跟小鳥怎樣了？小鳥讓她給大家準備了以下的練習。

放心寫作練習

1. 邀請你把你和動物的故事記下。請你仔細描寫動物的名字、外型、年紀、性格、日常生活習慣、喜好的食物或玩意等等。

2. 描寫你和動物之間的感情，可以是從初次見面、領養、一個凝視或瑣碎小事等等開始，再記錄一件你和動物之間最難忘的事件。

3. 簡單地繪畫動物並填上顏色，然後寫上牠的名字，和幾句你想對牠說的話。

29 ｜ 不完美的身體

在一個飯局裏，一班文人雅士談天説地。其中一位前輩倏然問道：「如果可以免費而完美地給身體其中一個部位整容，你們最想整哪個部位？」

有人説眼睛，他嫌棄自己的一雙單眼皮；有人説下巴，因為他覺得臉形不夠尖；有人説鼻子，他希望擁有一道高高的鼻樑。然後，有一個他説：「額頭。」

「額頭？額頭有什麼要弄的？」大家羣起攻之。

「我的額頭不夠飽滿。剪短髮，不好看。」他辯解。

「哪有人會説給額頭整容的！」前輩説。

「為什麼不？」

「這不就是説你除了額頭以外，覺得自己一切完美嗎？」

「我不認為自己的外貌完美，但那就是我的樣子。」他說。

當然，我們都可以進一步質問：那麼，你何以要整額頭呢？但重點是，他說到了一個有趣的想法：我們有不完美，同時，我們可以不完美。我們可以認識自己的不完美，也可以接受與喜歡自己的不完美。

不滿，是自我完美的一員。留意到自己的缺點是一件大好事，因為你在留意、你在介意、你在希望自己進步。我們可以要求自己進步，但不代表要討厭正在努力的自己。記得，我們都有喜歡自己的權利。

完美，不是一個停在遠方的終極目標，而是一個過程，一個「完整地認識自己的美」的過程。

話說回來，那一位不滿自己額頭的他。後來，他固然沒有去花費金錢和心力去給額頭整容，卻有了一個 M 字額，髮線向上移，額頭看起來倒真的飽滿了不少。

放心寫作練習

挑選身體一個你最不滿意或嫌棄的身體部分（例如：眼睛 / 小腿 / 毛孔 / 皺紋 / 雀斑），運用擬人法，代那一個身體部分向主人你傾訴、投訴、抗議。

30 ｜ 給自己的情書

你試過在開學的九月份，將過去一年的不足寫下來，然後提醒自己怎樣改善或補足嗎？這是社會教導我們進步的方法，但同時，也慢慢令我們對自己缺失的部分特別敏感，特別擅長在自己身上找缺點。

在自己身上找缺點是一個壞循環。世事總不能盡如人意，當事與願違，我們便會自責，自責形成內疚，內疚又叫我們對自己更苛刻，更努力尋求改變。苛刻的自己總是忽視進步，而看到挫敗。我們眼中的挫敗不斷，難免沉溺於沮喪，陷入自我否定的漩渦。

因此，愈是缺乏自信的我們，愈會不快樂，而快樂之道，可以從肯定和欣賞自己開始。

在《讚美日記》一書，作者手塚千砂子提醒我們，應該「藉由稱讚自己來喚醒尊重自己的意識，促進大腦活化，提高幹勁和持續力、集中力等，所以可以輕易就啟發原本的自己」。手塚千砂子建議，我們可以運用不同角度來稱讚自己，例如：性格、付出的努力、行動、感覺、想法、外表、身體不同部分的功能、自我發現、完成的事情等。

華人社會一向強調謙虛，很少主動稱讚自己（及身邊的人），就算受到別人稱讚，通常都會客氣推辭，但這些讚美，其實都是了解、肯定、相信自己的力量來源。

這些年來，人人都把「愛自己」掛在嘴邊，但很少人在生活中好好實踐。若然不想把「愛自己」當作一個空洞無力的口號，我們便應該學習如何誠實地留意自己的好，珍惜自己的獨特，並從此進步，成為更好、更值得愛的自己。

王菲的〈給自己的情書〉有一句歌詞：「自己都不愛，怎麼相愛，怎麼可給愛人好處」，説到了「愛自己」在人際關係上之重要性，因為只有當你擁有自我價值，你付出的愛才有價值。愛自己，故愛人。

放心寫作練習

1. 以自己為收信人，寫一封讚美的信給自己。

2. 嘗試運用不同角度（如以上文中提到的性格、付出的努力、行動、感覺、想法、外表，等等）去欣賞自己、喜歡自己。

3. 在最後一個段落，寫出一個自己在別人眼中的缺點，並思考這「缺點」如何讓你同樣自豪。

31 | Comfort food

「今天晚上去哪兒吃飯？」男子問。

「回家。」對方答。

「辛苦了一天，放工後就要好好善待自己，一起出去吃牛扒，好嗎？」

「我只想回家吃一碗公仔麪。」

在升降機內聽到這樣的一段對話。

在忙碌了一整天，處理了一萬件瑣碎事，回覆了十萬個電郵，滿足了多少人接近無限的需求以後，我們終於放工了！此時此刻，山珍海味都比不上一碗熱騰騰的公仔麪、一排巧克力、一杯雪糕、或一包薯片。

我們需要的食物，不只為了滿足口腹，更需要安慰心靈，那就是所謂「comfort food」。

Comfort food 的美好在於它承載的情感價值。它連結了人和事，是一道感情的隨意門，門的另一端可以是兒時記憶，也可以是跟重要的人一起的生活片段：母親為你準備的雲吞、祖母接放學時給你的雞蛋仔、假日吃的漢堡包、旅行時排隊一小時的拉麪、戲院裏的熱狗、宵夜的餐蛋公仔麪，等等等等。

在《飢餓信號》（*Hunger, Frust und Schokolade: Die Psychologie des Essens*）一書，作者米歇爾·馬赫特（Michael Macht）指出情感與食物的成分有莫大關聯。舉例，朱古力。它美味可口，有營養成分，含有少量精神興奮劑咖啡因（Caffeine）與可可鹼（Theobromine），能夠改善情緒，安撫心靈。

同時，馬赫特的研究發現糖與脂肪可以緩解激素壓力反應，亦即減輕壓力，並且改善負面情緒。另外，含碳水化合物的食物則提高大腦中的「幸福荷爾蒙」血清素的濃度，有效舒緩情緒和減輕壓力。這些研究正好解釋了為何那些含高糖、高熱量、高碳水化合物的 comfort food 如此受歡迎。

在適可而止的前提下，間中讓 comfort food 安慰自己，也不是什麼壞事。

放心寫作練習

1. 你的 comfort food 是什麼？

2. 通常在什麼時候你會想吃這食物？吃過後你的感覺如何？

3. 仔細描述一下食物的味道、香味、質感和外觀。

4. 食物喚醒了你什麼回憶和情感？讓你記起什麼人和事？

32 | 快樂清單

大家有製作清單的習慣嗎？清單，種類繁多，例如預備聖誕購物的禮物清單、每日工作的待辦事項清單，又或像電影《玩轉身前事》(*The Bucket List*) 裏那一張「一定要（或者最好）在死前全部完成的」人生清單。

我們以為製作清單是一種工作法，幫助自己順利完成各種不同的任務，但大家不可不知，製作清單也是一種解憂法。

美國科普作家瑪麗．羅區（Mary Roach）便説：「我會列出清單來降低自己的焦慮感。如果我寫了十五件待辦事項，就不會牽腸掛肚地覺得自己好像還有一大堆事情沒做，而且全快忘光了。」在此，瑪麗．羅區説到了一個重點：製作清單是一個整理記憶、感覺與思緒的過程。

當我們有「一大堆」事項待辦，並全靠腦袋記憶，我們既難以整理當中的次序緩急，又害怕掛一漏萬，從而產生忙亂，以至焦慮的感覺。然而，當我們將腦中的事項列成清單，便發覺所謂「一大堆」任務，可能就是三五七件事項，當中有難有易，待我們一一擊破，逐樣完成。

腦袋的危機意識，令我們傾向放大任務和壓力，又同時忽視了美好與感恩的事情。當我們問自己：「今天過得怎麼樣？又遇到什麼美好的事嗎？」我們的回答大概是「一般啦」、「還好吧」。但，當我們讓自己列出一張清單，記錄一天以來遇到的好人、發生了的好事、笑的時刻、感到幸運的剎那等等，我們又可能會發現：今天，過得真不錯。

清單，除了幫助我們降低焦慮、學會感恩，更可以帶領我們想像未來。《搞定！》（*Getting Things Done: The Art of Stress Free Productivity*）的作者大衛・艾倫（David Allen）便提議我們製作「可能清單」，列出你可以想像到未來會發生的各種可能或處境，從而具體地想到未來的生活，以及未來的自己。

站在過去與未來之間的當下，我們可以如何善用清單？不如製作一張快樂清單吧！

放心寫作練習

1. 找一張你喜歡的紙張，它可以是白紙、顏色紙、格仔紙（大小不少於 A4）；

2. 在上方寫上「我可以這樣快樂……」。

3. 從 1 到 10，上到下，列出可以令自己快樂的事情，例如重溫一套電影、跟朋友下午茶、一個人到沙灘曬太陽等等。

4. 快樂清單，愈長愈好，而你也可以用你的方式裝飾它，將它貼於當眼處。

33 | 扔掉了什麼

格林童話之中，你最記得的是哪一個故事呢？

灰姑娘、小紅帽、白雪公主⋯⋯這些篇章的名字都耳熟能詳，但談到原著的細節，卻不是人人能夠説得清楚，其中一個經常被記錯的故事，好可能是〈青蛙國王〉。

是的！原著的名字是〈青蛙國王〉而不是〈青蛙王子〉(儘管故事裏的青蛙，根本未有成為國王)。無論如何，大家都能夠説出故事的上半部：

話説，在遙遠的古代，有一位美麗的小公主。小公主常常拿着小金球，到森林裏嬉戲。一天，小公主不小心將金球丟到井裏去了。井底深不可測，小公主知道不能拾回金球，便放聲大哭。此時，井底之蛙出現了！

青蛙答應幫小公主拾回金球，但條件是小公主要成為牠的好朋友，形影不離，允許牠「吃她盤子裏的食物、喝她杯子裏的飲料、睡在她的牀上」。小公主一一答應，但當青蛙真的拾回金球後，小公主便一走了之，逃回王宮。

長話短説，青蛙最後來到了王宮討回公道。國王要小公主堅守諾言，履行承諾，讓青蛙「吃她盤子裏的食物、喝她杯子裏的飲料、睡在她的牀上」⋯⋯

這便來到了故事的下半部：當青蛙真的來到了小公主的牀上時，小公主做了什麼呢？不少人都以為小公主親了青蛙一下，但試問討厭青蛙的小公主，又怎會親吻牠呢？

原著是這樣寫的：「公主湧上一股怒氣。一把抓起青蛙，把牠朝牆壁一扔！當青蛙從牆壁彈回牀邊時，發生了一件令人吃驚的事！他不再是一隻青蛙，他變成一個年輕人，一位有着美麗藍眼珠的王子，他的眼睛還在微笑呢。公主立刻愛上他」。

〈青蛙國王〉的寓意（與荒謬）不少，但在此，我們想穿鑿附會的是：有時，我扔掉了什麼討厭的東西，才能夠變出好東西來呢！

放心寫作練習

1. 以文字或繪畫的方式，描寫你想扔掉（但還未扔掉）的一件東西，或人，或事。

2. 寫下你仍然未能扔掉「那什麼」的原因。

3. 想像你如果扔掉了「那什麼」，將會迎來什麼樣的改變。改變，可以有好有壞，請嘗試一一寫下來。

34 | 曾經，如今

「我是一隻青蛙。」這是一個描述。

「曾經，我是一名王子。如今，我是一隻青蛙。」這是一個故事。

在寫作班上，我們經常提到一部尋找故事的「寫作機器」。這機器沒有人工智能，卻有效非常，它的名字是「曾經，如今」。它是這樣運作的：你眼前有一部機器，只要你將自己的人生放進這部機器裏，它便會產出一系列「我曾經……如今卻……」的句子。

如是者，我們好可能會得到以下的句子：我曾經是一個懦弱的人，如今卻有了據理力爭的勇氣；我曾經要留班，如今成為了一名醫生；我曾經害怕孤單，如今成為了自由身的旅遊記者……

除了以上這些有關進步的句子，我們也可能會得到以下的：我曾經不愁衣食，如今卻是捉襟見肘；我曾經是一名母親，如今我一個人生活；我曾經相信人間的美善，如今卻分不清什麼是對錯……

人生的故事有喜有悲，我們可以主宰自己的創作，卻自主不了人生的故事。但，「曾經，如今」機器彷彿讓我們了解到人生的遭遇，往往不是無緣無故的出現，也不會沒頭沒尾的結束。

因，帶來果，果，又會成因，並帶來下一個果。曾經的王子，如今成為青蛙，但青蛙又會在未來成為王子。於是，我們明白到，人生的結局是不可知的，無論我們正在經歷好或壞，它都是一個過程，一個當下。

曾經的你，是怎麼樣的呢？你曾經喜愛什麼？又討厭什麼？

如今的你，又是怎樣的呢？你如今鍾情什麼？又害怕什麼？

因為不同的人、事，或物，曾經的我，成了如今的我。透過「曾經，如今」機器，我們可以更明白自己，看見當下的自己是怎樣走來、捱得過怎樣的苦、遇見過什麼的善意。你，準備好試一試這部機器嗎？

放心寫作練習

1. 拿出一張白紙；

2. 選擇自己喜歡的一枝筆；

3. 回想童年，比較一下過去自己與當下的你之分別。

4. 以自己的回憶，列寫「曾經，如今」的句子，數量愈多愈好。

5. 選取其中一句「曾經，如今」，然後仔細寫成故事。

35 ｜ 學識驚

上文的《格林童話》，在專欄引起了不少讀者共鳴，説童話故事往往隱藏大道理。我們同意，並想起了另一則童話。

話説，一位父親有兩個兒子。大兒子聰明伶俐，遇事應付自如，而小兒子呆頭呆腦，什麼也不懂，什麼也不學。有天，父親忍不住對小兒子説：「你給我聽好。你長大了，該學點養活自己的本事。」

小兒子想不到要學什麼，卻想起了哥哥每次要經過墓地或聽鬼故事都會驚，於是向父親説：「我要學識驚！」聽罷，父親只好嘆了一口氣。

不久，教堂執事到他們家作客，得悉此事，打算在教堂鐘樓扮作白色鬼怪，嚇怕小兒子。豈知小兒子非但不怕，更將執事推下樓梯，弄斷了腳。父親大怒，給了小兒子五十個銀幣，便趕了他出家門。

小兒子踏上了學識驚的旅途。當小兒子經過森林時，有人聽到他自言自語說要學驚，便提議他在一個絞架下與七個強盜屍體同眠一晚。小兒子不但沒有驚，卻見夜半風起，怕屍體着涼，搭起梯子去解開屍體的繩索，一個接一個把他們放到火堆邊取暖。

被絞死的強盜嚇不到小兒子，他便繼續去尋找另一個學識驚的機會。有次，小兒子遇上車夫，車夫告訴他：「有一座魔宮，誰要想知道害怕是怎麼一回事，只要在那裏呆三個夜晚就行了。國王已經許下諾言，誰願意到魔宮一試身手，就把公主許配給誰，還能得到藏在魔宮的金銀珠寶。」

長話短說，小兒子拜見國王後，便去了魔宮冒險。在傻人有傻福與有點機智的情況下，小兒子先後殺退了妖貓、殘肢骷髏怪，以及長有白鬍子的大魔頭。小兒子安然無恙過了三晚，更奪得魔宮的寶物。

但，小兒子始終沒有學識驚。

國王兑現承諾，將公主許配給小兒子。小兒子與公主結婚了，同時，他終於學識驚！死屍嚇不了他，妖貓、殘肢、大魔頭嚇不了他，偏偏他一結婚，便學識了驚。故事完。你說，童話是否隱藏了天大的道理呢？

放心寫作練習

1. 回想讓你害怕的一件小事，例如蜘蛛、老鼠、夜裏的後巷。

2. 覺察自己正在安全的狀態，回想記憶中的恐懼。

3. 具體地寫下這個恐懼。

4. 因為這個恐懼，你改變了什麼？

36 | 孤獨的課

孤獨，有人害怕，又有不少人享受。

蔣勳在《孤獨六講》裏提到，「孤獨」是跟自己在一起，那是生命圓滿的開始，沒有自己獨處的經驗，不會懂得和別人相處，所以，生命裏第一個愛戀的對象應該是自己，孤獨也成為了我們人生的必修課。

在這門孤獨的課，作家的表現相當出色。卡夫卡（Franz Kafka）説，寫作時愈孤獨愈好。他把寫作想成就像在氣球、太空船、潛水艇或衣櫥裏一樣，到杳無人跡之處真正集中注意力，聆聽自己的聲音。

《小婦人》（*Little Women*）的作者奧爾科特（Louisa May Alcott）説，當靈感源源不絕時，她會窩自己在房間裏，不被家人打擾，她曾經有兩週時間，幾乎不吃不睡不動，像全力開動的思想機器一樣寫作。

我們不確定這些作家對於孤獨的感覺，是害怕、享受、討厭還是喜歡，但，肯定的是他們懂得如何獨處，通過寫作，和自己在一起。

卡夫卡說，他通過寫作得到安寧；喜歡獨個兒跑步、跟唱片和貓一起的村上春樹說，他寫小說的理由只有一個，就是讓個人靈魂的尊嚴浮上水面，沐浴光照。

有「療癒寫作教母」之稱的作者茱莉亞・卡麥隆（Julia Cameron）便說，假如她不寫作，就會感到寂寞，當她寫得不夠時，就會有一種坐立難安的感覺。寫作，是她對抗寂寞的解藥。

你享受孤獨，還是害怕孤獨呢？無論是享受，還是害怕，我們都可以透過寫作去理解自己的孤獨。我們邀請你透過書寫孤獨的經驗，和自己在一起，也看看寫作是否真的如此神奇。

放心寫作練習

1. 回想你一次孤獨的經驗，例如獨個兒旅行、上甜品課、搬屋、看電影、吃火鍋；

2. 具體地寫下那次經驗；

3. 記錄當時的心情，享受、討厭、害怕、苦惱等。

4. 那次經驗啟發了你什麼思考？學習了什麼？

5. 再有下次的話，你會選擇獨個兒做那件事情嗎？想像假如你跟人一起做那件事情，又會有什麼分別？

37 ｜ 重複的劇本

「你是否重複不斷和對你冷淡的人捲入一段關係？你是否認為，那些和你最親近的人都不夠關心、了解你？」、「你是否害怕有什麼不好的事會發生在你身上？」更重要的是：「你是否覺得人生總是在過重複的劇本呢？」

在《重建生命的內在模式》一書，作者用以上的問題展開與讀者的對話，探討何解一些人生問題反覆出現，而我們由始至終都無法擺脱。作者稱這些重複的劇本謂「人生困境」（lifetrap）。

作者傑弗瑞・楊（Jeffrey E. Young）是有多年教學、臨牀及執業經驗的認知治療師。他發現，有一類難以處理的案主，都是陷入了一種從童年開始的自毀重複模式。他們被困在人生困境，不能自拔，例如米歇爾的個案。

米歇爾在單親家庭長大，母親是一名酗酒者，而她更會因為沉迷喝酒，而突然消失好幾天。因此，米歇爾長期被遺留在一個人面對擔憂的恐慌之中。

長大之後，米歇爾結識了一名男友。他們交往了十年，期間離離合合，每次與男友分手，米歇爾都會經歷難以承受的情緒，她擔心男友再也不會回來，更會產生暴力的傾向。哪怕是兩人復合在一起，米歇爾也是活在另一種恐懼，擔心他會再次離開。傑弗瑞・楊判斷，這是其中一種人生困境，米歇爾被困在「被人離棄」的劇本。

人生困境「讓我們不斷以自我挫敗的方式重複過去負面的經驗，即使痛苦，卻難以改變」，而在米歇爾的情況下，「被父母遺棄」成為了創傷，令她變得脆弱，接受不了身邊的人離開，也特別害怕失去他們。

在書中，作者指出了十一種常見的人生困境。除了米歇爾面對的「被人離棄」，還有「無法信任」、「疏離孤立」、「過度依賴」、「失敗自卑」、「屈從討好」、「超高標準」等等。

這些人生困境，不斷干擾我們的生活。但，改變是可能的！作者寫道，逃離你的人生困境的第一步，就是給它一個名字，指出它的存在。當我們願意對自己誠實，正視這些創傷和恐懼，那就可以改寫人生的劇本。

放心寫作練習

1. 回想自己的成長，你是否發現一些重複出現的情節呢？例如害怕失去、自卑、嘗試去討好別人，等等。

2. 這些重複出現的情節，是否令你愈來愈不安，或失去自信？

3. 請寫下你的「重複的劇本」，並想一想：面對這人生困境，你是想投降？逃避它？還是，你想向它反擊？

4. 你會如何擊敗這人生困境呢？

38 | 小野兔與面紗

我們都知道愛麗絲如何因為一隻手持懷錶的兔子而意外掉進洞裏，卻未必知道在意大利童話之中，也出現了一隻叫人追逐以至迷失的小野兔。這則童話名為「迷離之宮」，由作家卡爾維諾親手編修。

話説，從前有一個王子。王子是一名書痴，終日躲在王宮讀書，寸步不離書房。有次，國王的獵手拜會了王子，跟他説起了森林裏的形形色色，竟然點燃了王子的想像力，想親眼看看外面的世界。

王子跟隨獵手到了森林狩獵，「一天下來，獵手的行囊鼓鼓，而王子卻連一根羽毛都沒有着落」。此時，王子見到有一隻小野兔躲在矮樹下，他決心要捉到牠。當王子靠近矮樹，野兔便跑，跑一下停一下，「每每正要逮個正着時，野兔就會往前逃到更遠，然後停下來」，像是為了捉弄王子一般。不知不覺，王子跟着野兔，到了一個迷離的宮殿。

在宮殿裏，王子遇到一名戴着厚重面紗的女王。女王在十二位侍女的協助下，為王子整頓了豐富的餐飲，並到了晚上陪伴王子就寢。翌日，女王引導王子回到他熟悉的世界。全程，女王一直戴着面紗，一言不發。

王子感到自己愛上了女王，於是求教於母親。母親教他：「我告訴你怎麼辦，再和她共進一次晚餐。你們兩個坐定之後，你不經意的把她的叉子碰到餐桌上。她彎身過來拿時，你就拉下她的面紗。到時她肯定有話要說。」

王子照板煮碗，卻闖了大禍。原來，女王中了魔咒，本來只要戴着面紗與王子再過一個晚上，便可以嫁給王子。如今因為王子的魯莽，她現在便要離去，成為一個競技大會的獎品。

之後的故事，講述王子為了女王遠赴競技大會。途中，他遇上了因愛成恨的酒店店東女兒，又遇上出手幫忙的隱士，最後以一枚鑽石、一撮頭髮，以及一塊染血的手絹，贏得女王歸。細節，且待讀者自行細閱。

因為好奇，王子追逐野兔，覓到真愛；同樣因為好奇，王子揭開女王的面紗，闖了大禍。好奇是什麼？或許，好奇便是那推動故事前進，令人改變的一股力量。

放心寫作練習

1. 寫下一個因為好奇，而得到的寶貴、開心、令你回味或有所得着的經驗。

2. 寫下一個因為好奇，而得到的意想不到，卻有所後悔的經驗。

3. 承 2，如果你可以改動這段往事的一些細節，你會想變動什麼？而結果又會怎樣有所不同呢？

39 ｜ 甜蜜的失去

日本作家東野圭吾擅長書寫長篇推理小說，但也寫了不少發人深省的短篇故事，其中一個篇名為〈失去的甜蜜〉，收錄在《怪人們》一書。

故事講述男主角與第二任太太到夏威夷旅行，而一切則從男主角的自白展開：「第一，我是再婚。我今年三十四歲了，在二十六歲時曾經結過一次婚。當時的妻子在三年前死於車禍意外。第二，我與前妻的女兒也在不久前過世，因此我還無法打從心底享受幸福的滋味。」不再享受到幸福滋味的男主角，想在這次旅行尋找到什麼呢？

話說，在一個聖誕夜的早晨，「天氣非常冷，即使開了暖爐，還是冷得身體直發抖」。男主角跟女兒一如往常的吃了早餐之後，打算上班前開車送女兒到姊姊家，卻想起了要到附近便利店買一點東西。

男主角安頓了女兒回房間，獨個兒走到便利店去，打算速去速回。不幸的是，他在途中遇上了強盜。強盜將男主角打暈，而當他回過神來，人已經在送往醫院的救護車上。男主角在被迫做了檢查以後，才有空打電話給姊姊，叫她去照顧獨留在家好一陣子的四歲女兒。當姊姊到達屋子時，男主角的第二任太太也在場，她們發現女兒命危。

當男主角趕回家中，女兒已經返魂無術，死因是一氧化碳中毒，估計是女兒開了暖爐後，沒有做好家裏通風所致。當時，男主角傷心欲絕，沒有思考太多事件的經過，但過了一陣子，他慢慢發現不少蛛絲馬跡，彷彿指向第二任太太在女兒意外之中動了手腳。

男主角認定新任太太就是殺死女兒的真凶，而原因是女兒不喜歡她，甚至不想她進門。於是，男主角策劃了這次旅行，打算在異地為女兒復仇。他在牀上以手抓住女子的喉嚨，質問她：「我的女兒，是不是你殺的？」

女子沒有回答，「反而閉上眼睛。她深呼吸好幾次，胸口劇烈起伏，最後閉着眼睛以沙啞的聲音説：『你要殺我……就殺吧……』」。

女子是畏罪而自願被殺嗎？當然不是。故事的真相是什麼？請容許我們替作者賣個關子，但可以肯定的是，在那一刻，女子寧願死，因為她傷心被自己最心愛的男人冤枉，從此失去了人生的甜蜜，生無可戀。

放心寫作練習

1. 你曾經被自己心愛或重視的人冤枉嗎？又或，你曾經冤枉過自己心愛或重視的人嗎？

2. 那一次冤枉事件的來龍去脈是怎樣呢？

3. 你有好好處理那一次冤枉事件嗎？如果沒有的話，又如果你可以重新經歷一次，你會選擇以什麼的方式去面對和處理那次事件呢？

40 ｜ 若然你是羅祖

蒲松齡所著的《聊齋志異》有四百九十一篇故事，除了聶小倩、畫皮、勞山道士之外，大家又記得書中的哪些故事與人物呢？這一次，我們來說一說羅祖的故事。

羅祖，山東即墨人。他在邊境居住、結婚、生了一個兒子。後來，羅祖得到防區守備官賞識，要將他帶到陝西去。於是，羅祖將妻子與兒子託給李友人照顧，一去便是三年。

有次，羅祖因要事要到北方，順便可以回家探親。羅祖回到家中，見妻兒平安，甚是高興，卻見妻子牀下有一對男子的鞋。羅祖見狀，只說要去拜訪李友人以示謝意。

到了晚上，羅祖說要去向長官傳急令，翌日才回來，卻是藏身在附近。果然，羅祖發現李友人偷偷來到家中，並與妻子到了牀上。羅祖大怒，破門而入，二人害怕，跪地求死。此時此刻，若然你是羅祖，你會怎樣做呢？

羅祖拔出腰間刀子，扔到地上，對李友人説：「我以為你是君子，想不到你是這樣的人。殺了你只會弄髒我的刀。現在，妻子給你了，刀也給你，馬也給你，兵籍也給你。我走了。」

羅祖揚長而去，但在村民眼中，卻是羅祖失蹤了。村民將李友人與羅祖的妻子告上衙門，李友人將事情的始末，從通姦到東窗事發，以至羅祖放下所有離去的事一一告之縣官。縣官就是不信，他懷疑二人因通姦而謀財害命，殺了羅祖。

縣官嚴刑迫供，二人沒有被屈打成招，卻也在一年後死於獄中。那麼，羅祖又去了哪裏呢？原來，羅祖到林中山洞裏獨個兒修行，最終成道，當地人更為他蓋了一座廟，每年三月會請來羅祖之子來收香油錢。

有説，這是放下屠刀立地成佛的故事，但又想：羅祖是否也為了掉下家庭三年而自責呢？再説，那真的沒有謀財害命的通姦二人，又是否算是枉死呢？

放心寫作練習

1. 你是否有一次「一個決定，影響一生」的生命時刻呢？

2. 如果有的話，你當時的選項與抉擇是什麼呢？你還記得的場景、對白、情緒又是怎樣的呢？

3. 最後，你得到或失去了什麼？

4. 如果可以再來一次，你又會怎樣選擇呢？

41 ｜ 我老了

有一日，當你突然收到朋友傳來的訊息「我老了」，你會想到什麼呢？

話說，在楊德昌執導的電影《一一》，電影開始不久的一幕，描述女兒婷婷和爸爸在車上，爸爸在駕駛，婷婷向爸爸提到婆婆說她「真的老了」，婷婷說，她不懂婆婆的意思。然後，在電影結尾，一個八歲的洋洋對婆婆說「我覺得，我也老了」。

「我老了」貫穿了《一一》，故事的開始是一場婚禮，終結是一場葬禮。電影講述一個家庭如何經歷生老病死、面臨瓦解危機、家庭成員在人際關係、愛情和生命裏所面對的困境、失落與未知。簡單來說，就是訴說人生。

別人說「我老了」，我們除了明白這指年紀上的「老」，或許也會聯想到「累」。累，可以指生理，也可以是心理的。「我老了」三個字，既是一種對過去的懷緬，又可以是因為體力或心境上都回不到從前而有的一份感慨，甚至是經歷了人生的種種而不得不把世事看透的無奈。

當收到朋友傳來「我老了」的信息，我們可能心中有數不加追問，輕輕回應一句「休息一下」。這又讓人想起《一一》的葬禮一幕，洋洋對經已離世的婆婆說：

「婆婆，對不起，不是我不喜歡跟你講話，只是我覺得我能跟你講的你一定老早就知道了。不然，你就不會每次都叫我『聽話』……婆婆，我不知道的事情太多了，所以，你知道我以後想做什麼嗎？我要去告訴別人他們不知道的事情，給別人看他們看不到的東西。

「我想，這樣一定天天都很好玩。說不定，有一天，我會發現你到底去了哪裏……婆婆，我好想你，尤其是我看到那個還沒有名字的小表弟，就會想起，你常跟我說：你老了。我很想跟他說，我覺得，我也老了。」

小孩，也可以感到老了，因為一個人生，可以老很多次。故此，我們便邀請你回想一次覺得「我老了」的經驗。

放心寫作練習

1. 描述一次感覺「我老了」的經驗，可以是體能或心境上的「老」。經驗可以是來自一件真人真事、一齣電影、一本書、一場對話，或一首歌等等。

2. 描寫當時感覺「我老了」的情感狀態，並記錄從那經驗中得到的領悟或學習。

42 | 某些夢想就算受了點傷

美國作家喬·蘭斯代爾（Joe R. Lansdale）的名字，或許因為其故事被改編成某串流平台的影集《愛 x 死 x 機器人》（*Love, Death & Robots*）而為人所知，但事實上，他本來就是一位受到了文壇肯定的作者。

蘭斯代爾至今出版了超過三十本小説集和四百篇短篇故事，並獲獎無數，包括愛倫坡獎、布萊姆·斯托克獎（獲得了十一次）、世界恐怖小説大師獎、恐怖作家協會終身成就獎、英國奇幻獎、義大利格林扎納·卡佛文學獎，等等等等。

在他的小説《魚夜》的前言，蘭斯代爾寫到了他從童年走到成為作家的過程。「在五十和六十年代早期，」他寫道：「也就是我的童年時期，世界上充滿了魔法，但非每個人都能看見。對某些人而言，世上只有一片灰暗，對我而言原本可能也是如此，但我的腦袋正好轉向了正確的角度，在我的宇宙中尋覓到一道明亮的裂隙，使我或能窺進另一個充滿色彩、動態與驚奇的世界。」

蘭斯代爾「轉向了正確的角度」的鎖匙，正是漫書、書籍、寫作。他「整個人完全沉浸在英雄的概念裏，高貴正直之人可以對抗所有的不義之事，好人只需要抬頭挺胸大步邁進，惡霸都只是懦夫，狗狗是你的摯友。一切都歸結到是與非、善與惡、美國與其他人。」

但，「六十年代從地平線上冒出了頭」，不同的念頭、多元的概念、血腥的現實、複雜的善惡是非，以更有力、更衝擊的方法刺激了蘭斯代爾。到頭來，除了「狗狗是你的摯友」一事以外，蘭斯代爾不再肯定以往的英雄觀，而這支持了他多年的信念也就成為了一堆問號。

「過去別人教我的簡單對錯概念和美國式的觀點，並不盡然絕對正確。」蘭斯代爾寫道。「有些夢境和幻想被釘在現實的十字架上，雖然某些夢想就算受了點傷，仍能活生生地從十字架上爬下來，但也有些夢想死了就是死了，不會復活，不會重生。」

固有的信念崩潰了、心目中的英雄倫理喪失了、「有些夢想死了」。然而，這卻是蘭斯代爾認定的「寶貴的一課」，因為他「震驚地發現，真實人生更加複雜」，比漫畫與夢想複雜。

蘭斯代爾「輟學，沒有喝酒也沒有嗑藥，找了個地方務農、放鬆，與世隔絕了一陣子。」他發現，除了妻子、家庭、狗兒之外，他不再盲目地愛任何事物。不盲目地愛，不代表不愛。之後，他便以這不盲目的方式書寫黑暗的世界。

放心寫作練習

1. 你曾經遇過夢想、信仰、固有的觀念，瞬間破滅崩潰的一刻嗎？那一次，你遇到了什麼事情？還是，這是在沒有什麼特別事的情況下，突然有一天被你發現「有些夢想死了」？

2. 但，有沒有一些什麼的夢想或信念，「就算受了點傷」還是活下來了？這些受了傷的夢想或信念，有否成為你更加執着的原則？

43 | 若不具敬畏之心

2008 年 10 月 27 日，一篇題為〈神秘的咳嗽，影像捕捉〉（*The Mysterious Cough, Caught on Film*）的文章登上了《紐約時報》「熱門轉寄」的排行榜。作者是科普作家葛拉幕（Denise Grady），內容是關於一種稱為「紋影」（schlieren）的照相技術如何捕捉咳嗽產生的氣流擾動。這題材有趣到叫你轉寄分享嗎？

至少，筆者不認為這十分有趣（什麼氣流擾動？），而賓州大學華頓商學院行銷學教授約拿．博格（Jonah Berger）也不認為這內容對一般大眾來説是有趣的，但問題是：既然它不像寵物闖禍短片一般的有趣，何以登上了熱門轉寄排行榜呢？

博格的研究發現，有趣與實用是兩個吸引人熱門轉寄的指標，而〈神秘的咳嗽，影像捕捉〉一文的熱度，則指出了第三個因素：敬畏。

在《瘋潮行銷》（*Contagious: Why Things Catch On*）一書，博格引用了心理學家契爾．克特納（Dacher Keltner）與喬納森．海特（Jonathan Haidt）對「敬畏」的定義：「敬畏乃是人們因面對知識、美麗、莊嚴崇高或力量之偉大，而產生一種奇妙與驚異的感受。」

這也解釋了為何科學性文章會引起大眾的興趣和轉發。博格寫道：「以〈神秘的咳嗽，影像捕捉〉為例，那張咳嗽照片就很令人震撼，既是視覺奇觀，也傳遞了一種概念：咳嗽這種平凡事物也能製造出這種影像，而且透露了數世紀醫學謎團，將得以撥雲見日之秘。」

為了驗證「敬畏」的重要，博格的研究團隊整理了一定數量的《紐約時報》文章，並根據文章能夠「喚醒他們的敬畏程度」一一評分。結果發現「像愛滋病新療法，或者患有腦癌的曲棍球員應上場比賽這類新聞，喚起的敬畏程度分最高」，而「令人敬畏的文章被熱門轉寄的機會高了百分之三十」。

我們不是在教大家如何提交自己發表文章或帖文的熱門度，而是想說明：敬畏之心，乃是人的本能之一，是我們渴求得到、樂於跟人分享，甚至可以給予我們打氣的偉大力量。

正如博格引用愛因斯坦的一段話：「我們所能體驗到的最美好情感就是神秘，此乃所有真正的藝術與科學之源。人若對神秘感到陌生，不再對事物好奇，也不具敬畏之心，豈非與死無異。」

放心寫作練習

1. 寫下一次你感到敬畏，或滿有神秘感的經驗。

2. 描述那一份敬畏感覺的來源，它可能來自於一位你尊敬的人，或大自然，或新聞，或一切「知識、美麗、莊嚴崇高或力量之偉大」。

3. 回想一下你當時的心情，你會如何描述那一份奇妙的感覺？

4. 這件事與相關的情感，對你以後的生活起了什麼影響嗎？

44 ｜ 寫得誠實

有一部自傳體小説，作者以第一人稱講述她脱離了一段十八年的婚姻，後來再次投入戀情，卻又因不願失去自由，而主動結束關係。之後，前男友説他已經另結新歡，竟然又讓她陷入情緒的困擾。

她不斷胡思亂想、回憶過去，又不斷猜測和想像，試圖打聽種種的未知：前男友的現任女友姓甚名誰？那人什麼年紀？什麼工作？前男友和他新女友的影像，如此總是浮現腦海，時時刻刻折磨着主角。

故事沒有多少高低起伏，情緒卻又真實。或許，這小説的重點不在於情節，而是關於如何直視情緒，把個人當下的心理狀態、情緒的變化，如實並具體的以文字去呈現。

作者以細緻的筆觸記敍周遭發生的細節和想法，私密程度好比日記一樣。讀着讀着，讀者好像跟着作者經歷失落、痛苦、徬徨、不安和焦慮，一同走了一趟迷失自我，被情緒沖昏了頭腦，到最後放下執念的旅程。最後，我們會替作者鬆一口氣，因為她把所有的嫉妒，好好安放於文字裏。

嫉妒，曾經一度吞噬了她的自我，蠶食了她的生活，而書寫成為她的救贖。作者説：「我也忠實寫下我所經驗的嫉妒情緒，追捕、記錄那個時期的慾望、感覺和行為……書寫就像化為實體的嫉妒。」她選擇坦誠的、如實的記下一切，你甚至會被她的赤裸嚇到。

在書中，她提到：「那些我所未知的空白，我以文字來填補。」這一位她，正是諾貝爾文學獎得主安妮．艾諾（Annie Ernaux），而我們在談的自傳體小説，是她的著作《嫉妒所未知的空白》（*L'Occupation*）。

在一次訪問中，艾諾被問及對年輕作家的提議，她説，首先是「大量閱讀」，然後是「不要想着寫得好，而是要寫得誠實。」所謂「寫得誠實」，《嫉妒所未知的空白》這部小説，正好就是她一次完美的示範。

放心寫作練習

1. 你嘗試想像把某一種情緒（正面或負面皆可）化為實體，它將會是什麼樣子呢？請仔細描繪這情緒的溫度、顏色、氣味、形狀、重量、質感等。

2. 記錄上一次產生這情緒的原因、經歷和感受。

3. 這種情緒讓你對別人和自己作出什麼行動？這些行為對別人和自己有什麼影響？

4. 面對化成了實體的情緒，你會想對它説什麼？或跟它一起做什麼呢？

45 | 那一本書

我們都知道，尼采是現代最偉大的哲學家之一，他留給了世人不少經典的著作與概念，但大家又是否知道，這位宣稱「上帝已死」的思想家，竟然有着一個濃烈宗教氣氛的成長背景呢？

尼采的父親在家鄉擔任牧師，祖父是一位虔誠的基督徒，更寫過關於神學的書，而外祖父也是一位牧師。尼采在年輕時入讀的普福塔文科預備學校是一間歷史悠久的教會學校，而他在入讀波昂大學時，除了古典語言學，還選修了神學。

有着如此深刻宗教教育的尼采，在什麼時候動搖了對基督宗教的信仰呢？其中一個説法是，當年輕的尼采博覽羣書時，讀到了德國自由派神學家大衞・施特勞斯（David Friedrich Strauss）的《耶穌傳》。施特勞斯對於「歷史的耶穌」之描述，以至對其神性的否定大大影響了尼采。

當然，尼采之後如何思考叫人絕望的生命，以至宣告「上帝已死」等論述，乃是後話。在此，我們想強調的是：有時候，一本書，足以改變一個人的生命方向。

從小到大，我們接觸各式各樣的書，有被迫讀的，也有主動想讀的，有買來的，也有以禮物的方式得到的。我們可能在圖書館或書店偶遇一本書，有時又可能是從朋友或同學手上傳來的一本書。我們跟每一本書的緣分，自成一個故事。

有些書，我們翻開數十遍；有些書，它一直藏於家中一角；有些書，你讀完了，又漂書走了。無論那一本書現在身在何方，你還記得它嗎？還記得有那一本書曾經石破天驚一般的感動你、啟發你，又或批判你嗎？

因為那一本書，我們可能找到了憧憬的事業定位；因為那一本書，我們可能想像到要窮一生去追求的戀愛關係；因為那一本書，我們可能領悟到教自己安身立命的價值觀。

那麼，你的「那一本書」是什麼呢？

放心寫作練習

1. 回想那一本曾經或繼續深深影響着你的書。

2. 你是如何得到那一本書呢？現在，它在哪裏？嘗試仔細描述它的細節、外觀、設計。

3. 以回憶（而不是再一次翻閱）來寫一頁書評。

46 | 多變的焦慮

1947 年，詩人 W · H · 奧登出版了他的著作《焦慮時代》，彷彿給人類文明的一個階段加上了標籤。焦慮，老是常出現，甚至有時干擾我們的生活，限制我們的行動。當焦慮的問題惡化，更有可能成為心理健康問題。在美國，便有四千多萬人被診斷患有焦慮症。

這嚇人的數字，加上人人試過的焦慮感，以及焦慮症的惡名，的確叫人害怕，害怕受焦慮所害。但，美國神經科學家約瑟夫 · 勒杜克斯（Joseph Ledoux）在《焦慮》（*Anxious: Using the Brain to Understand and Treat Fear and Anxiety*）一書，告訴我們：文明的發展一直重新定義何謂焦慮，而焦慮未必這麼可怕。

焦慮（anxious）一詞源於古希臘語「angh」，意思是負擔或困擾。《新約聖經》也有引用這個詞，描述焦慮的罪人等待上帝的憤怒降臨。在 1844 年，丹麥哲學家齊克果出版《焦慮的概念》，指出焦慮是人類作出決定的後果，同時也表明了我們意識到自由選擇的力量和責任。

換言之，焦慮是自由選擇的副作用，也是人類存在的一個基本的、正常的體驗。然而，到了 20 世紀初，佛洛伊德卻提出了一個非常不同的看法。

佛洛伊德認為，焦慮是一系列精神病理障礙的核心，乃是人們一直試圖壓抑創傷和不愉快記憶的結果。他指出，當人們沒有積極處理壓抑，壓抑變得有害，結果令我們有了神經質的焦慮。

勒杜克斯指出，佛洛伊德將焦慮病態化的理論受到了大眾的接納，尤其在集體創傷的第二次世界大戰之後。從此，焦慮由人類存在的正常經驗，轉變為需要正視、處理、解決的指標。

在此，勒杜克斯不是想否定焦慮的潛在風險，也不是叫我們忽視焦慮的情緒問題。他想提出的是：我們不必害怕焦慮，焦慮可以是正常的，也是我們主控了自由生命的證明，證明我們曾經思考、判斷、選擇，以及存在。

焦慮，不必可怕，它只是多變，而在它還沒有變成不講道理的怪物前，或許我們可以先認清它、直視它，從而接受它的正常存在。

放心寫作練習

1. 你正在經歷焦慮的情緒嗎？你可以想到這焦慮的根源是什麼嗎？請你慢慢的寫出來。

2. 那麼，在過去的日子，如二十年前的你，又曾經有過什麼樣的焦慮情緒嗎？當時，發生了什麼事？最後，那一件事或你的焦慮怎樣了？它消失了？或是延續至今呢？

3. 比較從前與現在的焦慮，感覺相似嗎？這是否似曾熟悉？在文末，你可以考慮寫上一句：「焦慮，你好，我認識你。」

注意：要是有激烈的情緒湧現，可以先休息一下再繼續。若然激烈的情緒持續，請向專業人士（心理輔導、社工或心理學家）尋求情緒支援。

47 | 說出來、寫出來

近日，情緒病與精神健康又成了朋友之間的話題，於是便從書架取出了《活着的理由》（*Reasons to Stay Alive*）重讀一次。

作者麥特·海格（Matt Haig）以過來人身分分享他飽受情緒病煎熬的痛苦，描述了患病的心路歷程和應對情緒低落的方法，也提供了一些關於活着的理由和忠告。任何人，不管是飽受情緒病患者，還是病患者身邊的守護者，甚至一般讀者，都可以從中得到一點鼓舞。

在著作中，海格解開了大眾對抑鬱症（海格稱之謂「憂鬱症」，稱呼不同，兩者沒有差別）的迷思。他解釋抑鬱症不等同於「傷心」，兩者的差異等同「飢荒」和「感覺有一點點餓」。他肯定它是無形的，但並不只是「覺得有點難過」。他如此形容抑鬱症：「你的頭上着了火，你走來走去，卻沒有任何人看見火焰。」

雖然已經有很多人嘗試了解抑鬱症，但海格說道：「你愈探索憂鬱症的科學，愈了解到它仍然是由太多我們不了解、不知道怎樣處理的成分所組成。九成依舊神秘。」

既然如此，我們是否就此放棄探索和了解抑鬱症呢？不是。任何人也應該關注它，從而有更多認知，對病患者有更多同理。我們也應該多做能夠做、並最重要的東西——學習陪伴和聆聽病患者、嘗試支援他們、協助舒緩壓力，或簡單如問一句「我可以為你做些什麼嗎？」。

但，作者也提醒我們，千萬別説「振作起來」或「加油」。「那是一種疾病」，病是不會因為振作與加油的説話而好起來的，除非你有一套指導方案。

作者提到一個有效舒緩情緒的方案，就是「説出來」和「寫出來」。文字能夠讓人和世界、和別人連結，更重要的是連結真正的自我，所以那兩個行為本身已經是一種治療。

作者曾經通過閱讀和寫作找到救贖，他相信文字讓他重獲自由。在〈如何活着的 40 個忠告〉一章中，他再次提到「閱讀與寫作是目前所知最滋養心靈的靜思」。

我們也深信寫作能夠有效的梳理情緒和聆聽自我。假如你近來有任何煩惱或痛苦，我們邀請你用文字寫下，就好像跟好朋友大吐苦水一樣，把你的情緒釋放，讓你重新感覺自由。

放心寫作練習

1. 找一個寧靜的地方安頓自己並坐下，深呼吸，然後回想一件近來讓你痛苦或煩惱的事。

2. 描述一下身體的感覺（假如有的話）。也仔細描述你的情緒，例如焦慮、悲傷、不捨、不安、生氣、心痛、沮喪等等。記得情緒並沒有好壞，你只需要確認它的存在。

3. 聆聽自己內心，並把那件事情和你的心事寫下。

48 ｜ 活出意義的鋼琴家

十月是一年一度的自由爵士音樂節，本地及世界各地出色的樂手都雲集在這裏，於不同的舞台演出。除了音樂節，或許你也會留意到曾上映的一齣關於爵士樂的日本動畫電影《Blue Giant 藍色巨星》。

電影改編自石塚真一的漫畫，故事圍繞三名年輕人，分別以色士風、鋼琴手和爵士鼓來演奏，組成了爵士樂隊，經歷長時間刻苦練習，奮不顧身追尋他們的音樂夢。那是一齣令人看到熱血沸騰的勵志電影。

電影和原著漫畫同樣好看，不一樣的地方在於電影有日本爵士樂鋼琴家上原廣美精彩的鋼琴演奏和她的原創歌曲，電影也在末段加插了催淚的情節（請注意，以下含有劇透成分）。

鋼琴手澤邊雪祈發生車禍後，右手臂和手指嚴重受傷。本應留在醫院休養的他，毅然決定出院，剛好在音樂會結束前抵達爵士酒吧的後台，並堅持要跟兩位隊友一起表演音樂會的最後一首歌。

當雪祈跟隊友一起上台準備演奏時，現場觀眾都面露心痛的神情，有些更激動到暗自落淚。現實中，坐在電影院欣賞電影的觀眾也跟着落淚。畢竟大家都知道，雙手對於鋼琴手等同於生命一般重要。

怎料上台坐到鋼琴前、右手臂纏着綳帶的雪祈卻是心無旁騖，運用左手揮灑自如地演奏 solo 部分。那刻他忘記自己不幸的遭遇和自身的痛苦，無懼單調的旋律，全程投入在演奏中，陶醉於音樂裏，甚至進入忘我境界。

那是虛構的電影情節，但，在現實世界裏確實也有不少類似的真人真事，好像奧地利鋼琴家保羅．維特根斯坦（Paul Wittgenstein）的故事。

維特根斯坦在第一次世界大戰服役中失去了右臂，但他並沒有因此而放棄音樂，康復後瘋狂練習以單手演奏，更邀請不少音樂家為他作曲，最著名的有拉威爾（Maurice Ravel）的《左手鋼琴協奏曲》（*Piano Concerto for the Left Hand*）。

維特根斯有異於常人的抗逆力，能夠克服突如其來的挑戰和挫折，亦憑着堅毅頑強的意志，以單手演奏舉行音樂會，成為傳奇的單手鋼琴家。

在著作《活出意義來》（*Man's Search for Meaning*）裏，作者弗蘭克（Vicktor E. Frankl）提到尼采的一句説話：「懂得『為何』而活的人，差不多『任何』痛苦都忍受得住。」維特根斯坦除了對音樂單純的熱愛，相信就是他懂得為何而活，明白人生有何意義，於是能夠運用內在力量，勇敢面對外在命運的挑戰。

我們想邀請你分享你如何面對生命困境的經驗。

放心寫作練習

1. 回憶並列舉以往遭遇過的生命困境（至少三件事情）。

2. 選擇最深刻的一次，仔細描述你如何面對和克服困境的過程和心路歷程。

3. 從那次困境中，你學習到什麼東西？你有感謝的人嗎？你有肯定和欣賞自己嗎？你有發現自己的內在力量嗎？

49 ｜ 一頁自傳

1910 年 4 月 21 日，美國作家馬克．吐溫逝世，留下了一部五十萬字的自傳，以及一份遺囑。遺囑清楚說明：遺囑執行人必須在他死後一百年才能公開自傳。

為什麼要在死後才發表自傳呢？馬克．吐溫在公開了的《自傳》寫道：「我是從墳墓中向世人說話，這本書出版時我已經死了。一本在作者還活着的時候給人看的書，總是不敢真正直言不諱說話。我將寫得真誠、自由，不受拘束，因為我深知，在我死去，從而無知無覺、不聞不問之前，我所寫的東西是不會給任何人看到的」。

但，為什麼要在死後一百年呢？

那大概是馬克．吐溫給自己的一個期限，假設或告訴自己不要再介意死後百年的名聲。否則，在書寫自傳之際，還是有所顧忌，誠實不了。

的確，誠實是自傳書寫的前提。誠實的自己，才能喚醒真實的記憶與情感，而在誠實的書寫中，我們將會好好梳理過去了又記住了的人、物、事、情。

書寫自傳，是整理自己生活與回憶的一個好方法。名人在自傳中往往説出不少道理，不是因為他們有了道理才寫自傳，而往往是他們在書寫回憶時，想通了一些東西。在書寫裏想通一點什麼，並不是名人的專利，我們也可以做到。

我們不是名人，可以更誠實的書寫自傳；我們沒有發表作品的天職或壓力，更可以匿名去書寫自傳；更重要的是，我們是活人，不像馬克・吐溫一般「從墳墓中向世人説話」，而是在生命中跟自己對話。

或許，你會説：我哪有這麼多的豐功偉績去寫自傳呢！馬克吐溫提醒我們：「自傳並非專從我一生中挑出一些足資誇耀的插曲來寫，而只是寫了一些普普通通的經歷，正是這些經歷組成了人的生活內容」。

放心寫作練習

1. 找一個安靜舒服的地方坐下來，閉上眼睛。

2. 花點時間想像，想像自己來到這個世界的第一道哭聲，然後呢？

3. 你的童年是怎樣的？你如何成為今日的你？曾經遇到最大的人生挑戰是什麼？你會引以為榮的事又是什麼？

4. 寫下一頁自傳。

50 | 好事是好事，壞事是壞事

期待與意外，構成了我們人生的起起伏伏，而起起伏伏則構成了故事。

小說家潔西卡·勞瑞（Jessica Lourey）便在她一本非虛構著作《改寫你的人生劇本》（*Rewrite Your Life*）裏，記載了自己如何通過書寫小說，重新正視自己的起起伏伏，抒發了痛苦情緒，並放下糾結。

「我依然聽到他的聲音，依然恐懼無處不在的背叛與失去。但我可以寫故事，而最終謎團自有解答。用這樣的方式處理失去，或許太過迂迴，但我只能這麼做。只有小說能為我提供真相。」「寫小說救了我。」

若你以為勞瑞只是紙上談兵，卻不要忘記她之所以寫上人生第一本小說，正是因為在新婚之時，面臨丈夫突然自殺離世的悲痛。

在此，我們想跟你分享另一個真實個案：

有一位女生，在去年二月，得知她的朋友輕生了。面對壞消息，她的情緒陷入低谷，經常不自控地流淚、不斷自責。除了哀傷和內疚，她滿腦子疑問，恍恍惚惚捱過幾星期。一天，她提筆書寫了兩個短篇故事，邊哭邊寫下了一句：「我知道你想結束的不是生命，而是痛苦」。

那一刻，她釋懷了，至少釋懷了一點。「她」正是本書的其中一位作者。

書寫，有助我們留意心底傷口的癒合。癒合可以慢，卻在過程中，教我們有所頓悟，對生命多了一份理解。

於是，我們想邀請你也試一試，放心寫作。

放心寫作練習

1. 在一張紙的正中間，由上至下劃出一條分界線

2. 左邊：列出你上星期想得起的好事、開心事。

3. 右邊：列出你上星期想得起的壞事、傷心事。

4. 在左邊，圈出你遇過「最好的好事」。

5. 在右邊，圈出你遇過「最壞的壞事」。

6. 以「最壞的壞事」作開頭，想像一個故事，並以「最好的好事」為結局。